ハンディシリーズ
発達障害支援・
特別支援教育ナビ
柘植雅義◎監修

小野昌彦 編著

発達障害の
ある子／ない子の
学校適応・不登校対応

- 小野昌彦
- 佐藤基樹
- 井上文敏
- 宮﨑　眞
- 津久井進
- 布宮英明
- 伊藤陽子
- 関戸英紀
- 大場　充
- 花井英男

金子書房

「発達障害支援・特別支援教育ナビ」の刊行にあたって

　2001年は、新たな世紀の始まりであると同時に、1月に文部科学省の調査研究協力者会議が「21世紀の特殊教育の在り方について〜一人一人のニーズに応じた特別支援の在り方について〜」という最終報告書を取りまとめ、従来の特殊教育から新たな特別支援教育に向けた転換の始まりの年でもありました。特に画期的だったのは、学習障害（LD），注意欠如多動性障害（ADHD），高機能自閉症等、知的障害のない発達障害に関する教育の必要性が明記されたことです。20世紀の終わり頃、欧米などの他国と比べて、これらの障害への対応は残念ながら日本は遅れ、国レベルでの対応を強く求める声が多くありました。

　しかし、その2001年以降、取り組みがいざ始まると、発達障害をめぐる教育実践、教育行政、学術研究、さらにはその周辺で深くかかわる福祉、医療、労働等の各実践、行政、研究は、今日まで上手い具合に進みました。スピード感もあり、時に、従来からの他の障害種から、羨望の眼差しで見られるようなこともあったと思われます。

　そして14年が過ぎた現在、発達障害の理解は進み、制度も整い、豊かな実践も取り組まれ、学術研究も蓄積されてきました。以前と比べれば隔世の感があります。さらに、2016年4月には、障害者差別解消法が施行されます。

　そこで、このような時点に、発達障害を巡る種々の分野の成長の全容を、いくつかのテーマにまとめてシリーズとして分冊で公表していくことは非常に重要です。そして、発達障害を理解し、支援をしていく際に、重要度の高いものを選び、その分野において第一線で活躍されている方々に執筆していただきます。各テーマを全体的に概観すると共に、そのテーマをある程度深く掘り下げてみるという2軸での章構成を目指しました。シリーズが完成した暁には、我が国における発達障害にかかわる教育を中心とした現時点での到達点を集めた集大成ということになると考えています。

　最後になりましたが、このような画期的なアイデアを提案して下さった金子書房の先見性に深く感謝するとともに、本シリーズが、我が国における発達障害への理解と支援の一層の深まりに貢献してくれることを願っています。

2014年9月

シリーズ監修　柘植雅義

Contents

第1章 学校適応・不登校対応のための個別支援計画と連携とは
.... 小野昌彦　2

第2章 個別支援計画の作成・学内外連携を進めるための基本
.... 小野昌彦　11

第3章 小学校における個別支援計画作成と専門支援機関との連携
.... 18

1 個別欠席対応，個々の居場所づくり，体力底上げによる不登校ゼロ
.... 布宮英明　18

2 遂行支援ソフトツールを活用した児童の問題行動の低減
.... 佐藤基樹・小野昌彦　26

第4章 専門機関と特別支援教育コーディネーターの連携
―― 個別支援計画を活用した登校しぶりの解決
.... 伊藤陽子・小野昌彦　34

第5章 保健室登校児童に対する学内連携支援
―― アセスメント・個別支援計画に基づく連携支援
.... 井上文敏　43

第6章	機能的アセスメントによる授業場面適応支援 ――クラスワイドな支援から個別支援へ
	.... 関戸英紀 54

第7章	発達障害児童の通級指導教室での個別指導 ――ディスクリート試行指導
	.... 宮﨑　眞 64

第8章	中学校における個別支援計画に基づく専門機関との連携支援
	 73

1 不登校に対する個別支援計画実施による再登校支援
.... 大場　充・小野昌彦 73

2 専門支援機関, 弁護士との連携による東大和市の新規不登校中学生半減
.... 小野昌彦・津久井進 80

第9章	定時制高等学校における不登校経験者に対する総合的支援
	.... 大場　充・小野昌彦 86

第10章	スクールカウンセラーとの連携による断続型不登校高校生の再登校支援
	.... 花井英男 93

第1章

学校適応・不登校対応のための個別支援計画と連携とは

小野昌彦

1 全国的に成果の見えない不登校問題

　学校適応，不登校の問題は，古くて新しい問題であるといえる。なぜなら，長期間にわたって問題解決がなされていないからである。

　文部科学省は，2016（平成28）年10月27日に2015（平成27）年度の「児童生徒の問題行動等生徒指導上の諸問題に関する調査」の結果を公表した。全国の不登校児童生徒数は，小学校では27,581人（前年度25,864人），中学校では98,428人（前年度97,033人），総数は，126,009人（前年度122,897人）であった。在籍者数に占める割合は小学校0.42％（前年度0.39％），中学校2.83％（前年度2.76％）の合計1.26％（前年度1.21％）であった。小学校，中学校のいずれの校種においても，人数，在籍者に占める割合は増加した。この調査では，文部科学省は不登校の定義として年間30日以上欠席した児童生徒のうち，病気や経済的な理由を除き，「何らかの心理的，情緒的，身体的，あるいは社会的要因・背景により，児童生徒が登校しないあるいはしたくともできない状況にある」者を用いている。図1-1に全国の不登校児童生徒数の推移を示す。全国の不登校児童生徒総数は，2012（平成24）年度まで5年連続で減少していたが，2013（平成25）年度に増加に転じ2015（平成27）年度も増加した。全国各地で様々な不登校対策が実施されているにもかかわらず，再度不登校児童生徒数が増加に転じ，18年間10万人以上の数値を継続していることは重篤な状態であるといえる。

　このような全国的な不登校状況の中，文部科学省は，2015年8月，不登校に関する調査研究協力者会議を開催し，その審議の中間報告書として「不登校児童生徒への支援に関する中間報告～一人一人の多様な課題に対応した切れ目の

学校適応・不登校対応のための個別支援計画と連携とは 第1章

ない組織的な支援の推進～」を刊行した。その報告書の第2章1不登校の現状と分析において，全国の小・中学校の不登校児童生徒数は，2014（平成25）年度に6年ぶりに増加し，不登校児童生徒が高い水準で推移するなど，憂慮すべき状況であるとしながらも，2002（平成13）年度のデータと比較し（図1-2），不登校児童生徒の人数や割合は減少してきているとしている。また，進路の状況等においては，文部科学省が1993（平成5）年に不登校生徒を追跡調査した「不登校に関する実態調査」と「不登校に関する実態調査～平成18年度不登校生徒に関する追跡調査報告書～」を比較し，高校進学率が65.3％から85.1％，高

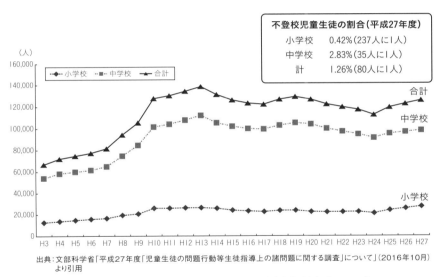

出典：文部科学省「平成27年度「児童生徒の問題行動等生徒指導上の諸問題に関する調査」について」（2016年10月）より引用

図1-1　全国の不登校児童生徒数の推移（文部科学省，2015）

学校種	小学校		中学校		計	
年度	不登校児童数	全体に占める割合	不登校児童数	全体に占める割合	不登校児童数	全体に占める割合
平成13年度	26,511	0.36%	112,211	2.81%	138,722	1.23%
平成25年度	24,175	0.36%	95,442	2.69%	119,617	1.17%

図1-2　2002（平成13）年度と2014（平成25）年度の不登校状況の比較

校中退率が37.9%から14.0%，大学，短期大学，高等専門学校への就学率8.5%から22.8%，専門学校・各種学校への就学率が8.0%から14.9%との数字を示し，不登校問題等の多様な課題を持った生徒に対する支援が充実している高等学校が増えてきたことが伺えるとしている。

　これらの状況は，不登校経験者の学びの場の保障拡大といえよう。関係各機関の尽力により不登校経験者の受け入れ先が拡大して，少なくとも何もしないで家に滞在する不登校経験者は減少してきたといえる。

2 不登校経験者の学力と進路

　不登校経験者の高校期における学びの場の保障拡大は進んでいるが，学力，進路に関しては課題が多いといえる。学力に関して伊藤（2013）は，非主流の後期中等教育機関，すなわち定時制高校，通信制高校，高等専修学校サポート校では，学力試験や中学校の調査書が入学者選抜の基準にならなかったり，全受験者が合格していたりするなど，学業達成の尺度が実質的な入学者選抜の基準となっていない学校や教育施設も多いと指摘している。受け入れ時の学力，進学後の学力状況に関する調査研究は殆どないが，高校在籍学年不相応であることが推測される。

　伊藤（2014）は，定時制高校，通信制高校，高等専修学校サポート校の現状を進路の視点から明らかにしている。そこで，学校基本調査で公表されている進路未決定率は，定時制高校と通信制高校の2013（平成25）年3月卒業者についてみると定時制高校全体の進路未決定率は34.7%，通信制高校全体の進路未決定率は41.8%であり，全日制高校全体の進路未決定率5.5%を大きく上回っていると指摘している。また，不登校経験者に限定した定時制高校，通信制高校の進路未決定率のデータはないが，高等専修学校については，2007（平成19）年に全国高等専修学校協会が，不登校・高校中退経験者および過年度生に対象を限定した調査は実施されているとし，その調査は，107校における2005（平成17）年3月卒業生の進路内訳の調査であり，その結果，進学率47.0%，就職率37.2%，その他15.8%であった。高等専修学校の進路未決定率は，定時制高校，通信制高校と比較して，不登校・高校中退経験者および過年度生に限定し

た場合であるが，低く抑えられているとしている。

　以上のことから，文部科学省が指摘している不登校への支援の充実，学びの場の保障は，中学校における卒業要件の緩和，多様な教育形態の高校の入試時の入学条件の緩和による不登校経験者の受け入れ学校の増加によるものといえる。そして，このような状況の中，不登校・高校中退経験者および過年度生に限定した際，高等専修学校のように進学時に職業を決定している場合の進路未決定率は，定時制高校，通信制高校と比較して，低く抑えられていた。しかしながら，定時制高校において，不登校経験者の多くに明らかに入学校種相応の学力がないことが推測され，進路決定も曖昧で，入学後も学力にあったカリキュラム，個別学習指導の実施が非常に困難な状況にある場合，進路未決定率が高くなっていると考えられる。すなわち，不登校経験者の入学条件の緩和による受け入れは，教育の場の保障という意義はあるが，受け入れた生徒の個々に合わせた教育保障困難，高い進路未決定率という課題があるといえる。

3 なぜこのような明らかなミスマッチが起こるのか
── 不登校の名のもとに隠される真の問題解決

　例えば，中学校において不登校状態となり，1年間学業から離れていた生徒が，学力の補充なく中学校を卒業して，無試験で高校に進学したとする。常識的にみて，中学卒業レベルの学力にないことは明らかであり，進学先の高校で中学の学習内容の補習はないとすれば学力の問題が生じるのは自明の理である。なぜ，不登校対応において，このような真に本人にとってミスマッチで不利益な状況を生じさせるのであろうか。

　著者らは，現在までに多くの学校適応，不登校問題を解決している。当然のことであるが問題を解決する時，児童生徒本人，学校，家庭の不登校を生じさせてしまった問題の解決による再登校及び登校維持が最も望ましいといえる。すなわち，不登校児童生徒の不登校行動のアセスメントを実施し，なぜ不登校となっているのか，どうすれば不登校状態を変容できるのかを明らかにすることが大切である。そして，明らかになった不登校，学校不適応の児童生徒自身の学力，対人スキル，体力，不安障害，生活リズムの修正，学校環境の問題，家

庭環境の問題の修正が重要である。真の将来の社会的自立のためにその目標設定は，トップダウン，ボトムアップの発想で検討，設定されなければならないといえる（例えば，小野，2006）。したがって，事例によっては，再登校以降も未解決な問題の解決のための支援が継続されなければならない。

しかしながら，現状は，必要な学力，体力，社会的スキル等を身につけさせるという不登校，学校適応の原因となる問題解決が軽視され，学校に行けていないから学校に行きやすい状態を整えるということが重視されているといえる。

例えば，多くの学校現場においては算数が苦手で登校できないとすれば，算数を受けさせないでその日を登校させるといった対処が行われている。その不登校の生じさせた問題を解決せずに回避させて登校させるという，ある意味問題回避の登校や，登校回避のための支援機関通所という支援？を生じさせてしまっているからである。では，なぜ登校させることだけにこだわるのであろうか。

私は，このような登校優先による問題先送りによって不登校問題が真に解決されない大きな要因は，不登校という診断名にあると思う。この不登校という否定形の診断名により登校できることが重要な支援目標であると多くの人に理解され，対象児童生徒の不登校の本質的問題の解決という発想に至る人が少ないからであると考える。不登校という診断名が，対象児童生徒，学校環境，家庭環境の抱えた問題の結果としての家庭滞在状態に着目した呼称のため，その問題解決よりも登校させること，進学させることに支援の重点が置かれているといえよう。

したがって，むしろ不登校という診断名ではなく，その生徒の抱える問題の結果の不登校とわかる呼称とした方が，早期に本質的問題への対応が実施される可能性が高いと予想される。すなわち，対象児童生徒の問題を解決し，さらに欠席していたことによって生じた問題を解決した結果，登校するという適切な支援が増加すると考える。しかしながら，不登校の診断名を変更することが難しい現状においては，問題解決には，不登校行動に関する要因を明らかにする行動アセスメントにより，解決すべき問題を明確な目標とした不登校の個別支援計画が必要である。

4 発達障害のある児童生徒の不登校における個別支援計画の脆弱性

　文部科学省の不登校に関する調査研究協力者会議（2015）の中間報告において，不登校の関連で新たに生じている課題として，周囲との人間関係がうまく構築できない，学習のつまずきが克服できないという状態が進み不登校に至る事例として，自閉症，学習障害，注意欠陥多動性障害等の発達障害のある児童生徒が指摘されている。

　小野（2012）は，日本における2001（平成13）年から2010（平成22）年の発達障害児童生徒の不登校に関する研究を概観している。発達障害と不登校という2つの特徴を持つ対象の実態を明らかにする調査研究は，アプローチとして2種類あった。すなわち，発達障害を主対象として不登校の有無を明らかにするタイプと不登校を主対象として発達障害の有無を明らかにするタイプであった。発達障害を主対象として不登校の有無を調査したものとしては，小枝（2002）があった。鳥取県の全小学校，全中学校を対象とし，学習障害，注意欠陥多動性障害の児童生徒の不登校発現率を調査している。結果は，小学校では，学習障害児29人中10人（34.5％），注意欠陥多動性障害児43人中1人（2.3％）が不登校となっていた。中学校では，学習障害42人中25人（59.5％），注意欠陥多動性障害33人中13人（39.4％）が不登校となっていた。

　調査対象地域の傾向として，学習障害，注意欠陥多動性障害の不登校発現率は中学校の方が小学校より高いこと，小学校及び中学校においては，学習障害の方が注意欠陥多動性障害よりも不登校発現率が高いこと，注意欠陥多動性障害は，中学校において小学校の約20倍の不登校発現率となっていることが明らかになった。

　不登校を主対象として発達障害の有無を見た実態調査として中野（2009）があった。福島県内の小学校児童130人，中学校生徒505人，高等学校128人の不登校生を対象として発達障害の疑いのある児童生徒の有無を調査している。発達障害の疑いがある児童生徒は，小学校では，21人（16.1％），中学校41人（7.9％），高等学校16人（13.3％）という結果であった。

　また，加茂・東條（2009）は，茨城県M市近郊の中学校13校を対象として調査をしている。不登校（登校しぶりも含む）生徒218人中，発達障害に関連する

と思われる生徒が57人（26％）であった。不登校状態となる以前に発達障害の診断があった事例が3人（1.4％），発達障害の診断のない事例が54人（24.8％）であった。また，障害種別では，学習障害，注意欠陥多動性障害などと比べ広汎性発達障害が多かったとしている。

　これらの発達障害児童生徒の不登校発現は，発達障害診断の不充分さ，診断時に作成した個別支援計画の妥当性の問題，長期的な個別支援計画のPDCAの問題であり，不登校発現時の行動アセスメント，個別支援計画の見直し実施の必要性を示唆しているといえよう。発達障害に関連する不登校においても個別支援計画の充実が必要である。

5 問題解決のための行動論に基づく個別支援計画と多様な連携

　柘植（2013）は，障害のある子どもの問題行動への対応は，応用行動分析の手法による対応が効果的であるとしている。また，小野（2010）は，不登校に対する行動論の立場からの包括的支援アプローチの適用事例から，その有効性を指摘している。

　前述したように，不登校，発達障害の問題解決のためには，長期目標，短期目標を備えた問題解決の個別支援計画が重要であり，その問題解決の結果としての再登校であるという発想が強調されるべきである。基本的には，行動論の立場からの行動アセスメントにより，なぜ不登校状態が生じているのか，その問題はなにか，どうして維持しているのか，その解決のためにはどうすればよいのかを明らかにすることである。そして，その問題解決及び登校に関しての計画が設定され，遂行されなければならない。

　その問題には，発達障害，本人の対人関係の問題，不安障害，体力の問題，学習の遅れ，無気力といった問題，学校におけるいじめ，家庭における虐待等の問題がある。これらの問題の行動アセスメントを実施する人，目標を設定する人は基本的に教員，教育支援センター（適応指導教室）の職員であり，個別支援計画を基に問題に関連する目標設定，支援，目標の達成度の評価に関してスクールカウンセラー，養護教諭といった学内の担任以外の方，スクールソーシャルワーカー，警察，弁護士といった学外専門機関の方との学内外連携を実

施しなければならない。

　本書では，第2章で行動論の立場からの個別支援計画の作成の基本を紹介している。第3章から第10章まで小学生から高校生までの発達障害のある子/ない子を対象として素晴らしい成果を上げた支援を紹介している。

　個別支援計画の作成が全国的に脆弱であるという現状の中，優れた個別支援計画を作成できる専門家との様々な連携の実際例，学外専門家と小学校校長の連携による小学校における不登校ゼロ（第3章1），小学校における学級担任と学外専門家との個別支援計画作成・遂行支援ツールを媒介にした連携による問題行動解決（第3章2），小学校学級担任と特別支援教育コーディネーターの学内連携を学外の専門家がサポートした発達障害児童の登校しぶり克服事例（第4章），学級担任とアシスタントティチャーとの連携による発達障害児童の問題解決（第6章），中学校校長と学外専門家との連携（第8章1），学外の支援専門家と弁護士の連携及び支援専門家と教育委員会，小・中校長との連携による市単位での中学校新規不登校半減（第8章2），定時制高校校長と学外専門家との連携（第9章），高校におけるスクールカウンセラーと学級担任との連携による再登校事例（第10章）である。

　さらに第5章，第7章においては，学校内の取り組みとして通級指導教室における応用行動分析学の立場からの個別指導，保健室登校児童に対する学内連携支援についても紹介している。

　平成28年12月に義務教育の段階における普通教育に相当する教育の機会の確保等に関する法律が成立した。不登校児童生徒にとって教育の機会を保障することは大切なことであるが，さらに重要なことは質の保障である。本書で紹介している支援は，質の向上に大いに役立つものである。

【引用・参考文献】

不登校に関する調査研究協力者会議（2015）不登校児童生徒への支援に関する中間報告〜一人一人の多様な課題に対応した切れ目のない組織的な支援の推進〜．文部科学省．
加茂　聡，東條吉邦（2009）発達障害の視点から見た不登校－実態調査を通して－．茨城大学教育学部紀要（教育科学），58, 201-220.
小枝達也（2002）心身の不適応行動の背景にある発達障害．発達障害研究，23（4），38-46.
中野明徳（2009）発達障害が疑われる不登校児童生徒の実態－福島県における調査から－．福島大学総合教育研究センター紀要，6, 9-16.

伊藤秀樹（2013）後期中等教育のセーフティネットにおける不平等－高等専修学校に注目して－．東京大学大学院教育学研究科紀要．52, 117-126.
伊藤秀樹（2014）非主流の後期中等教育機関を概観する－生徒層・カリキュラム・進路－．東京大学大学院教育学研究科紀要．54, 551-563.
文部科学省（2015）平成27年度児童生徒の問題行動等生徒指導上の諸問題に関する調査.
小野昌彦（2006）不登校ゼロの達成．明治図書出版．
小野昌彦（2010）不登校への行動論的包括支援アプローチの構築．風間書房．
小野昌彦（2012）不登校状態を呈する発達障害児童生徒の支援に関する研究動向．特殊教育学研究．50. 3, 305-312.
柘植雅義（2013）特別支援教育－多様なニーズへの挑戦－．77-78, 中公新書．

第2章
個別支援計画の作成・学内外連携を進めるための基本

小野昌彦

1 行動アセスメントの基礎を学ぼう

　行動療法の立場からの問題行動解決のための個別支援計画は，行動アセスメントに基づいて作成される。この行動アセスメントの考え方について小林（2000）を基に説明する。

　行動障害の展開過程を発生，反復，維持として図2-1に示す。行動アセスメントは，問題となっている行動（行動障害：BD）だけではなく，対象者（患者：Pe）と環境（周囲の人など）の相互作用の歪みの実態を解明することが中心課題である。そこで，対象者の特性と彼らを取り巻く環境との間で，いかなるストレス（St）がこの問題を生じさせるにいたったか，そして，問題が発生してから，これがいかなる条件の下で維持され深刻化されてきたのかを明らかにする。さらに，解明された実態から，対象者及び周囲について，どのような

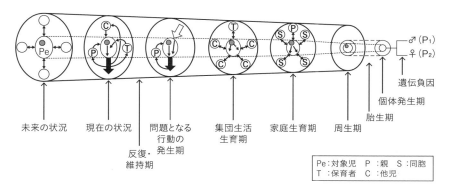

図2-1　行動障害と生育史：個体発生から未来像（小林，2000より抜粋）

変容を生じさせることができれば問題が解消するかを明らかにする。これらの過程を「行動アセスメント」という。

（1）主訴と周辺の問題

対象者本人，または年少者対象の場合は親などの周囲の人から訴えられた内容を，主訴という。留意しなければならないことは，本当に訴えるべき問題を意識していなかったりする場合があり，また多くの場合，訴えている周囲の人が症状の形成・維持に深くかかわっていることである。

（2）症状発生時の分析

問題となる症状は，過去のある時点，またはある時期（発生時）に生じ，その後対象者自身および周囲との混乱により，維持されていると考えられる。症状の発生にいかなるストレスがかかわっているのか，そして，なぜそれが自然に解消せず，維持する方向に進んだのかがポイントとなる。

（3）症状の維持・深刻化の分析

症状の維持・深刻化の過程を図2-2に示す。症状は，対象者自身および周囲（P・C・T）が困っており，生じないことを期待している。そのために，症状を対象者自身または周囲の人との間で何とかしようと努力したり，葛藤が生じたりしてさらに混乱を深めていく。

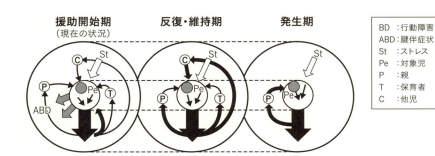

図2-2　行動障害の展開：発生・反復・維持（小林，2000より抜粋）

留意しなければならないことは，その症状が何らかの意味で，対象者自身にとって強化刺激，すなわちプラスに作用することが多いということである。たとえば，「痛み」をともなう自傷行動が，周囲からの注意を集めることができるという強化事態（プラスの状態）をもたらすことになっていたりする。

（4）個人差と症状選択

症状の発生は，周囲からのストレスと対象者のパーソナリティの相互作用によって選択され出現してくる。対象者のパーソナリティは遺伝的要因を基礎として，それまでの成育と生活の歴史によって規定されるといえる。そのため，面接による情報収集と医学的・心理的検査も必要となる。

（5）症状の評価法

行動アセスメントおよびその後の経過を客観的に評価することは，介入方法の適切さ，支援仮説の検証のために必要である。評価対象に合った標準化された検査や行動観察法が用いられる。

（6）まとめと処方（働きかけの方針）

本項の（1）～（5）までの調査・検査・評価・分析を通して，支援技法の選択と場を設定する。①将来のある時点の状況をイメージ化する（未来の状況）：将来のある時点で，対象者と環境とは，よりスムースな関係となり，よりいきいきと活動している状態をイメージする。②歪みが減少した状況を達成するために，対象者に不足している行動の習得を試みる手順を設定する：また，維持されている不適切な行動を減弱する方法を選択する。③働きかけの場：考案された手続きとその実施について，専門機関・学校・施設・家庭がどのように分担し，連携，実行するかを整理する。

2 学校適応・不登校対応のための典型的アプローチ

前述の行動アセスメントの手順を踏まえて対象児童生徒の学校適応，不登校の問題に関する個別支援計画を作成し，P（Plan），D（Do），C（Check），A

(Action)を実施して問題を解決していくことになる。この行動アセスメントに基づいて、学内外の必要な機関、人と連携をしていくことになる。ここでは、行動論の基本的考えを基にした不登校へのアプローチの典型例を紹介する（小野, 2010）。

（1）ステップ1　支援関係の設定（不登校児童生徒と校長，専門家）

1）支援契約

　本人が直接，または電話にて「援助依頼」を行い，担当者が「受諾」したことを契約成立とする。基本的に本人の単独通所を原則とする。そして，インテーク面接以降の展開は本人からの申請による契約を原則とする（小林ら, 1989）。

2）初期対応プログラム

　支援関係設定が遂行できない場合，すなわち，保護者支援回避，通所困難といった対象児童生徒の長期未支援の問題が存在した場合に実施する。ステップ3の再登校支援計画の作成と実施を行い，行動アセスメントとしての情報統合に基づいて対応法を決定する。長期未支援状態への介入は，初期対応プログラム実施時点で通所可能な条件（例えば，母親，通所経験のある妹，在籍校において本人とかかわりのある教諭の同伴）で通所を試み援助を少なくする方法，スタッフが家庭訪問してかかわりを形成してから通所行動を形成する方法，背向型の原理（最終目標行動に近い行動から形成する考え）の活用や現実脱感作法を適用する方法などがある（小野ら, 1999；小野・小林, 2000；小野・三好・小林, 2002）。本人と支援スタッフとの言語応答関係が困難な場合，本人と支援スタッフとの遊び，日常的やり取りの言語反応を形成してから，援助依頼を実施する場合もある（小野・小林, 2000）。

（2）ステップ2　個別支援計画の設定

1）基本的支援の進め方の説明

　専門家から対象児童生徒及び保護者，校長，担任他，支援にかかわる教職員に対する説明を実施する。

2）再登校予定日及びセッションの設定

①再登校予定日の設定（専門家と相談により対象児童生徒が設定），②家族との支援関係確立（専門家と家族との関係），③学校関係者との支援関係確立（専門家と担任，特別支援教育コーディネーター，養護教諭等の学校関係者とのかかわり方），④家族，学校関係者，専門支援機関との連携関係設定（教育支援センター，児童相談所，弁護士，特に学校関係者と家族とのかかわり方）。

（3）ステップ3　再登校支援計画の作成と実施

専門家が学校関係者と相談の上，計画を作成し対象児童生徒に適用する。専門家が，校長，学校関係者，保護者の役割分担を決定し実施する。

1）不登校状態の行動アセスメントの着眼点

①不登校発現前の行動特性：社会的・情緒的発達状況，知的・学習面，性格・行動面についての情報を収集する。②不登校発現の経過：本人，家庭，学校領域から発現から慢性化に至るまでの経過（小野，2010），不登校発現経過時における長期欠席に関する学校，家庭の取り扱い，学校教育法施行令第20条，第21条の遵守状況，卒業認定の方法，保護者に対する卒業要件の伝達状況といった項目を追加して情報を収集する。③その他：チームワークの可能性，体力，学力の低下などの情報を収集する。④再登校支援のための評価：体力（シャトルラン），学力（TK式学習進度テスト），不安に関する検査，を実施する。

2）行動アセスメントとしての情報統合

収集した情報を不登校発現前条件，不登校及び長期未支援維持条件に整理する。そして，長期未支援状態変容のプログラム作成に活用する。

3）個別支援計画の立案

①基礎的アプローチ（体力，学力，社会的スキル），②不安障害，登校行動のシェーピング等の技法選択，③登校行動形成プログラムの実施（早朝登校法，夕方登校法，保健室，校長室の利用）。

(4) ステップ4　再登校以降の支援計画の設定

　専門家が計画を作成し，対象児童生徒に適用する。校長，学校関係者，保護者の役割分担を決定する。

1) 再登校時及び再登校以降の行動アセスメントの着眼点（小野・小林, 2002）

　①再登校後の学校における活動（出席状況，クラスの係活動への参加状況など），②全般的な症状の変化（身体・健康面，日中・週間変動等），③家庭における状況（日常生活習慣，休ませ方等），④その他（通学手段，進路決定状況）。

2) 再登校以降の評価

　対象児童生徒のアセスメントに基づいた評価及び登校状態の評価を実施する。

3) 行動アセスメントとしての情報統合及び介入立案

　収集した情報から登校を維持する条件を整理し，介入を考案する。

(5) ステップ5　登校活性化支援の実施

　再登校以降の登校活性化の為に専門家が学校関係者と作成した計画を適用する。専門家が校長，学校関係者，保護者の役割分担を実施する。

1) 登校活性化プログラムの実施

　再登校以降，学校場面において対象児童生徒に正の強化刺激の随伴を促進するため，登校状況をアセスメントし，登校を維持し活性化させる条件（例えば，得意科目，得意な活動，卒業要件）を活用する。トークンエコノミー法，セルフマネージメント法等を活用する。

2) 不登校発現・維持条件低減プログラムの実施

　不登校行動のアセスメントで明らかになっている不登校発現・維持条件（再登校以降明らかになったものも含む）を再登校以降も低減するためのプログラムである。苦手科目の指導や適切な休み方の指導（小野ら, 1999）等を行う。

(6) ステップ6　計画的支援の終結

　専門家が再登校以降の不登校の状況を追跡し，登校維持条件が確立し，不登校発現条件が無くなったことを確認して計画的支援の終了を判断する。

(7) ステップ7　追跡調査

　専門家が対象児童生徒の再登校以降の情報を学校，家庭から収集し，予後状態を判断する。

【引用・参考文献】

小林重雄（1980）登校拒否症について．行動療法研究，5，44-49．
小林重雄（2000）行動障害の意義と背景．長畑王道・小林重雄・野口幸弘・園山繁樹（編著），行動障害の理解と援助．13-22，コレール社．
小林重雄・加藤哲文・小野昌彦・大場誠紀（1989）登校拒否治療への積極的アプローチ－行動アセスメントとその臨床例への適用－．安田生命社会事業団研究助成論文集，24（2），61-68．
小野昌彦（2010）不登校への行動論的包括支援アプローチの構築，風間書房．
小野昌彦・小林重雄（2000）女子小学生不登校への再登校行動の形成－かかわり形成が困難であった事例－．行動療法研究，25（2），37-45．
小野昌彦・小林重雄（2002）中学生不登校の再登校維持への主張的スキル訓練．特殊教育学研究，40（4），355-362．
小野昌彦・三好義弘・小林重雄（2002）現実脱感作法による社会的ひきこもり生徒の外出行動形成への援助．奈良教育大学教育実践総合センター紀要（研究論文），11，107-112．
小野昌彦・豊田麻衣子・川島直亮・三好義弘・小林重雄（1999）不登校姉妹への再登校行動の形成－家庭内の不登校誘発・維持要因により生じた事例－．特殊教育学研究，37（1），23-31．

第3章

小学校における個別支援計画作成と専門支援機関との連携

1 個別欠席対応，個々の居場所づくり，体力底上げによる不登校ゼロ

布宮英明

1 学校単位での小学校における不登校ゼロとその維持

　小野（2012）は，全国の校長の不登校対応の成功例を紹介している。これらの成功例は大きく2つに分類されるといえる。一つは，再登校支援の専門家による事例に対する直接及び間接支援によって成果を上げているタイプである。例えば，小野（2006）のように小野が校長と一緒に不登校児童生徒及び保護者と面接を実施して個別支援計画を作成，遂行を実施した支援である。これは，外部専門家の個の強力な力に頼っている対応ともいえよう。そして，もう一つは，再登校支援の専門家の助言等を校長が取り入れ，最終的には，校長立案による学校状況に則し，かつ個々の状況に配慮し学校全体で共通に実施できる対策で成果を上げるタイプである。例えば，2007年に日本教育新聞に取り上げられた鳥取県大山町立名和小学校の学校内における欠席対応をアセスメントして立案した保護者からの欠席時の電話対応マニュアルの全校統一実施による不登校ゼロ達成の事例（小野，2006）がある。

　課題として，前者のタイプは，専門家が不在となったり，不登校対応ができる教員が人事異動したりした場合，効果が持続しないことであった。後者のタイプに関しては，校長が交代したとしても学校のシステムとして存続した場合

には，効果が継続する場合が多い。

しかしながら，欠席受付のように個々の多様な理由に対する法的にも妥当な不登校早期対策は可能であるが，不登校発現を予防する児童個々の教育内容に働きかける対策は少ないといえる。

そこで，本稿では，小学校校長が，専門家の助言を取り入れながら自ら法的に妥当な個々に合わせた欠席対応，児童にとって魅力ある授業，体力底上げを立案し，段階的に実施して不登校ゼロ及び維持に成功した例を紹介する。

2 対象小学校の状況と校長としての思い

著者が，校長として着任した小学校は，繁華街に近い住宅街にある学校で，児童数243名11学級という中規模の学校であった。着任時には不登校児童がおり，生活指導上の課題もやや残る学校であった。

学校は知・徳・体にバランスの取れた児童を育てることが使命であるが，まず学校は元気に児童が登校し，学校で楽しく過ごし，元気に家に帰って，また明日も行きたいと思うところでなくてはならない。その中で，児童がもっとやりたい，なぜだろう，知ることは楽しい，動くことは楽しい，という意欲を掻き立てて，それらを通して，あんな自分になりたい，こんな自分になりたい，という目標をもたせることが大切である。またそうすることで，結果として，知・徳・体が身に付いていくのが理想である。しかし，着任早々から学校を変えるべく改善策を打ち出すということはしなかった。理由は，2つあった。児童の状況のアセスメントを実施しなければならないことと，組織がそのように動いているのにはそれまでの経緯があって，それを見ずに改善策を出し，それまで作ってきた教員の意欲がそがれることのほうがマイナスと考えたからである。学校という組織は教員一人一人で出来上がっている組織である。3年間を通じて一番力を入れたのはこの教員一人一人の意欲をどう引き出すかということである。「教育は人なり」まさにこれなのである。まずは，明らかに改善が必要なこと以外は1年間学校のことをしっかり見ていこうと考えた。

3 不登校撲滅作戦

　著者が，不登校撲滅作戦として校長在籍3年間で実施したことは，「方法1・全校の欠席受付方法の変更」（1年目から3年目まで），「方法2・児童の居場所のある教室を作る」（2年目から3年目まで），「方法3・体力向上作戦」（2年目から3年目まで）であった。

（1）全校の欠席受付方法の変更（方法1）

　これまでの欠席受付方法は，保護者が連絡帳か電話にて欠席の理由を述べ連絡するという，どこの学校でも当たり前のように行われている方法であった。そこで，小野昌彦先生の欠席受付方法を取り入れ，必ず保護者に検温のお願いをするとともに，医者に行くように勧め，原因不明の場合は学校に来させるように促すよう変更した。また，1週間以上の欠席が続く場合は，校長面接を実施するようにした。このやり方については，「校長先生サポートシリーズ」の『不登校問題で困ったときに開く本』（小野，2012）の150ページを参照してほしい。

（2）児童の居場所のある教室を作る（方法2）

　1年を通じて児童や学校の様子を見ていくにあたり，痛感したことが2点あった。それは，学級担任制の小学校において教室に居場所を作ることの大切さである。しかし，それが担任の個性や力量に任され過ぎており，力のある担任の学級はいいが力のない学級の児童の中には，自分の居場所を見つけられずに行き渋る児童が出てきたりした。それに対応するために取った策が，方法2「児童の居場所のある教室を作る」である。そのために打ち出したのが，「○○小学校の基本作り」であった。

　主幹教諭を中心に○○小学校の基本づくりが始まった。今までにも，学校の決まりがあり，その決まりと基本をどうすみ分けるのか。○○小学校の基本は，どんなカテゴリーにするのか，という議論から始まった。結果としてはこのように校長を交えて教員自身が作り上げる工程が大切であり，自分たちで作り上げたものだからこそ，大切にしようとするし，頑張ろうという意欲がわいてく

るのである。以下が2年間かけて作り上げた，○○小学校の基本であり，その後も変化しながら学校に根付き始めている。また，この基本づくりには，PTAを巻き込み家庭の基本も作ってもらった。学校教育の中で教育課題をつきつめていくと家庭の問題にぶつかり，そこで歯がゆい思いをすることが多い。家庭の問題を学校が解決することはできないが，保護者の意識を啓発していくことが漢方薬のようにじわじわと効いてくる可能性がある。

【○○小学校の基本】

○学習の基本
・授業の始めと終わりはあいさつをしてけじめをつけよう。
・名前を呼ばれたら「はい」と返事をしよう。
・声の大きさや速さに気を付けて話そう。
・話す人の方を向いて考えながら最後まで聞こう。

○生活の基本
・元気よくあいさつをしよう。
・ていねいな言葉づかいをしよう
・時間や決まりを守ろう。
・相手のいやがることは言ったり，したりしないようにしよう。

○学級の基本
・友達の考えを大切にしよう。
・相手の立場になって考えよう。
・友だちの良いところを見つけよう。
・あたたかい言葉をつかおう。

○家庭の基本
・たくさん話をしよう。
・あいさつをし合おう。
・たくさんほめ合おう。
・感謝の心を大切にしよう。

この基本は，児童・保護者に伝え学級にも掲示をした。また，この決まりの

下には発達段階（低学年・中学年・高学年）に応じた目標を明示した。

さらに，授業づくりの基本，〇〇小学校授業づくりの基本を作った。

【〇〇小学校 授業づくりの基本】

○本時のめあてを明確にし，めあてを板書しよう。（この時間は何をやることが目的なのか必ず児童に意識させ，最後に成果を確認する）

○授業の始めは，前時の振り返りと確認をしよう。（教師の頭は高まっているが，児童の頭は休み時間が終わったばかりで切り替えられていない）

○授業規律をしっかり守らせよう。（始めのあいさつ・挙手，返事，起立しての発言（はい・立つ・〜です）／先生の説明を聞く／友だちの発言を馬鹿にしない／手いたずら，おしゃべりの禁止／終わりのあいさつ）

○授業に山場を作ろう。（一方的な授業は退屈。児童の発言をつなげて授業を作る）

○大いに褒めて，大いに叱ろう。（ほめる言葉を増やす。小さな事を叱らないと児童はよいと思ってしまう）

○一日に適度な宿題を出そう。（家庭の学習習慣をつけさせる）

○チャイムに始まりチャイムに終わろう。（休み時間と授業時間は明確にする）

（3）体力向上作戦（方法3）

著者が，着任1年目に隣接する地域のマラソン大会があった。自由参加であるが人気があり近隣の小学生が多く参加していた。近隣数校の校長が集まり自校の児童がんばる姿を応援していた。しかし，各学年の上位8名までの入賞に1名しか入賞者がいないという惨憺たる結果であった。上位入賞が目的ではない。自分のベストを尽くせばそれでいいのではないかとも思ったが，本校の児童の体力は低いのではないか。調べてみると全国運動能力等調査において，全国平均を体力合計点で上回っているのは，男子が2学年，女子が1学年のみという結

果であった。
　ちょうどその頃，小野昌彦先生から毎朝ランニングをさせている学校において不登校児童がいない実践例を聞き，体力を上げることにより不登校にならない体作りについて進めてみることとした。

・作戦１：運動朝会の実施
　運動をさせるために，毎週設定されていた朝会のうち，四分の一を運動朝会にあて，全校で朝から運動を実施した。

・作戦２：○○小学校ストレッチの導入
　全国運動能力等調査の結果を研究し，特に本校が弱点とされる持久力・柔軟性などのうち柔軟性を意識させた，○○小学校ストレッチという運動を，体育主任を中心とした若い教員に作成させて体育の授業の導入時に全学級で必ず実施した。

・作戦３：冬場の持久走スペシャルウィークの実施
　休み時間に自主的に持久走カードを持たせ走る機会を作っていたが，実施する児童が少なかったため，マラソン大会の前１ヶ月を持久走スペシャルウィークと名を打って，中休みの時間を10分延長して校庭をみんなで走る時間を設定した。全員の児童が思い思いのスピードで走り続けることにより，走ることに対して抵抗感がなくなって，楽しみに感じる児童が出てきた。

　この作戦の結果，翌年の全国運動能力等調査の結果は，３つの学年において男女とも全国平均を上回る結果となった。その翌年には，４つの学年において男女とも全国平均を上回る結果となった。
　また，本校の作戦開始年度（作戦は未実施時）と実施２年後の小学２年生から小学６年生の学年平均体力測定値（握力・上体起こし・長座体前屈・反復横跳び・20メートルシャトルラン・50メートル走・立ち幅跳び・ソフトボール投げの８つの種目の結果を総合した数値の小数点第１位を四捨五入したもの）を比較すると以下のような結果であった（小学１年生の数値は，体力測定が５月時で

体力向上作戦の効果が反映されていない為，ここでは検討対象から除外した）。

男子は，2年生学年平均33ポイントから36ポイント，3年生学年平均45ポイントから46ポイント，4年生学年平均45ポイントから48ポイント，5年生学年平均57ポイントから57ポイント，6年生学年平均56ポイントから62ポイントとなり，4つの学年で平均体力測定値が上昇した。女子は，2年生学年平均34ポイントから39ポイント，3年生学年平均45ポイントから47ポイント，4年生学年平均42ポイントから50ポイント，5年生学年平均53ポイントから56ポイント，6年生学年平均56ポイントから59ポイントであり，全学年で平均体力測定値が上昇した。年々マラソン大会の入賞者も増え，自地域での駅伝競走大会も開かれるようになるという盛り上がりにつながった。

4 不登校に関する成果

不登校撲滅作戦として，上記の3つの方策を実施してきた。その結果，不登校の児童は1年目1名（6年生），2年目0名，3年目0名という結果であった。また，1日欠席児童割合（1日の欠席児童数÷在籍児童数×100）の年間平均（1日欠席児童割合の全授業日合計÷全授業日数×100）は，以下の通り確実に減ったという成果が現れた。

> 1年目……1日欠席児童割合の年間平均　2.9％
>
> 2年目……1日欠席児童割合の年間平均　2.6％
>
> 3年目……1日欠席児童割合の年間平均　2.4％

このように，不登校が減るだけでなく，居場所のある学級作りを進め，運動を導入したことにより，健康の増進がはかれ1日の欠席児童が少なくなるという好結果も導き出すことができた。

これらの成果は，校長として着任していた3年間に実施したものであるが，学校を離れた後も，不登校をなくす伝統として着実に引き継がれている。

5 おわりに

　校長として，再登校支援の専門家の助言を取り入れながら，児童のデータ，アセスメント，教員の状況を踏まえた対策立案が，効果的であった。この実践は，欠席対応対策により不登校発現・維持要因を校内になくし，次に児童が学級内でプラスの状態を増加させる対策，児童の基礎体力の向上対策実施により，登校維持要因を増加させことにより，不登校ゼロ，1日欠席児童割合の年間平均の減少が達成されたといえる。

　さらに欠席対応や体力づくり対策において，欠席理由に応じた個別対応も効果を高めたといえる。

【引用・参考文献】

小野昌彦（2012）不登校問題で困ったときに開く本（教職研修総合特集「校長先生サポート」シリーズ No.3）教育開発研究所.
小野昌彦（2006）不登校ゼロの達成．明治図書出版．

2 遂行支援ソフトツールを活用した児童の問題行動の低減

佐藤基樹・小野昌彦

1 はじめに

　近年，小学校における児童の問題行動の増加が指摘され，その対応が検討されている（文部科学省，2010）。学校場面における問題行動に対する対応は，行動アセスメントに基づく個別の支援が不可欠となるが，個別支援計画の考え方が浸透している学校現場はまだ少ない。したがって，小学校教員が児童の問題行動の行動アセスメントに基づく個別支援計画を作成して対応できる可能性は少なく，現時点においては，学内外の専門家との連携が必要といえる。

　ところが，その学内の専門家である特別支援教育コーディネーター等が学校内の問題行動に行動アセスメントを実施し個別支援計画を提案，実施しているところは少ないといえる。また，学外の専門家による行動コンサルテーション等のサポートは，専門家数が少ないことにより支援機会が少ないという問題がある。

　そこで，現状における有効な対応法の一つとして，専門家からの行動コンサルテーションと機能分析に基づく個別支援の実施をサポートするソフトツールを併用する方法がある（例えば，小野，2012）。

　本稿においては「教師のための問題行動解決10ステップ」（小野，2012）を活用した小学校学級担任の児童の問題行動に対する個別支援計画作成及び実施事例（仮想）を紹介する。

2 方法

(1) 対象児

公立小学校の通常学級に在籍する小学3年生男子（以下，Aと略す）であった。30人学級に所属していた。成績は良好であったが，授業時間中，落ち着きがなかった。同級生の友達がいなかった。寝坊等の理由で遅刻してくることが多かった。

(2) 行動コンサルテーション前の研修講義とコンサルテーション

小学校教員である第1著者（以下，Mと略す）に対して，行動療法，行動分析の専門家である第2著者であるコンサルタント（以下，Tと略す）が，行動コンサルテーション前に4時間，テキスト「教師のための問題行動解決10ステップ」（小野，2012）を活用して研修を実施した。基礎理論と4つの機能の説明に1時間，テキストを使った2つの機能の事例演習（ノートパソコン使用）を2時間，PDCAを実施するための失敗事例の演習1時間（ノートパソコン使用）を実施した。

支援期間は，行動観察期（ベースライン期）と介入期の2期15日間（土曜日，日曜日，祝日を除く）であった。また，コンサルテーション期間中にTが，2回（ステップ3とステップ6遂行時），1回あたり30分，小学校を訪問してMに対して対象事例に関する行動コンサルテーションを実施した。

(3)「教師のための問題行動解決10ステップ」の手順

「教師のための問題行動解決10ステップ」とは，小野（2006）の実践経験等を行動分析の視点から整理して作成した問題解決手順である。すなわち，学校現場における児童生徒の行動改善のために，様々な問題解決支援実績から導き出された学校適応評価のためのレーダーチャートによる対象の全体的アセスメントから問題領域，問題行動を特定し，その先行事象，対象児の行動及び教師の応じ方を後続事象として記録する行動アナログ記録表による観察と記録を行い，問題行動の機能分析の結果に従って効果的な支援方法を立案，実施，評価

する手順である。
　以下に「教師のための問題行動解決10ステップ」の手順を示す。

ステップ1：Tは，MとAの相談によりAのレーダーチャート評価を実施する。TとMが，本人，保護者，教員から情報を収集してレーダーチャートを作成する。
ステップ2：レーダーチャート評価を参考に，Aの問題となる領域（学校領域）を見つける。
ステップ3：Mが対応する領域の優先順位を決定する。順位決定の基準は，第1，他に危険を及ぼすこと，第2，生命に関連すること，第3，他の領域に大きな影響を及ぼすことである。
ステップ4：Mは，Aの特定した領域における対応優先順位が高い行動を抽出し，行動アナログ記録を作成する。
ステップ5：行動アナログ記録からAの目標行動を決定する。
ステップ6：Aの目標行動に関してTは，MAS（Motivation Assessment Scale）チェックリストを実施して，その行動の機能を決定する。機能分析において，行動の機能は4つあると考えている。それは，①「もの・活動の要求」の機能，②「注目の要求」の機能，③「逃避・回避」の機能，④「自己刺激（感覚）」の機能である。「もの・活動の要求」の機能とは，ある行動が，ある行動とその前後の行動の関係から，遂行する人間の物質や活動の要求を満たす機能，目的を持っていることをいう。「注目の要求」の機能とは，ある行動が，ある行動とその前後の行動の関係から，遂行する人間が他者からの注目を得るという要求を満たす機能，目的を持っていることをいう。「逃避・回避」の機能とは，ある行動が，ある行動とその前後の行動の関係から，遂行する人間が，ある事柄，あるものから逃避・回避するという機能，目的を持っていることをいう。「自己刺激（感覚）」の機能とは，ある行動が，ある行動とその前後の行動の関係から，遂行する人間が自分自身に刺激を与えるという機能，目的を持っていることをいう。
ステップ7：Aの目標行動の仮定された機能に対応した対処法をモデル例等を基に考える。「注目・要求」，「もの・活動の要求」，「自己刺激」の機能におい

ては，対処法1，問題行動の機能を消失させるためには，どのような応じ方がよいかを考え，対処法2，同機能を持つ適切な代替行動を対象児童生徒に獲得させることを考える。「逃避・回避」の機能においては，対処法1は，他の3機能と同じであるが，対処法2は，逃避・回避しないためには，Aはどのような行動を獲得すれば良いかを考える。

　ステップ8：考察した対処法を問題解決思考支援シートに記入して全体を整理する。
　ステップ9：Tは，実際にAに対応し，結果状況を行動アナログ記録表にチェックする。
　ステップ10：Aの目標行動が変容した場合は，従来の対応を継続し，変容しない場合はステップ6からステップ9を再度実行する。

3　児童が教員を叩く行動を改善したコンサルテーション支援の実際

（1）ステップ1

　Mが，Aのレーダーチャート評価を実施した。「学習準備状況」，「学習習得状況」，「授業参加態度」，「給食参加状況」が3段階，「係活動への参加状況」，「課外活動への参加状況」，「欠席の連絡方法」が2段階，「学校における友人関係」，「学校行事への参加状況」，「家庭の生活習慣」，「通学状況」が1段階であった。

（2）ステップ2

　レーダーチャート評価結果から，Aは「学校における友人関係」，「学校行事への参加状況」，「家庭の生活習慣」，「通学状況」領域が支援必要領域であった。

（3）ステップ3

　Aの支援必要と考えられた行動，領域を優先順位基準に照らしてみると「他に危険を及ぼすこと」に該当する行動，領域として「学校における友人関係」，Mを叩く行動が該当すると考えた。そこでMはTと相談の結果，Aの「学校における友人（対人）関係」領域に介入することを決定した。

（4）ステップ4・5

　8月28日から9月4日の間，MがAの授業中の様子を行動アナログ記録に記録した。AはMの指示を拒否し，同級生に対しても暴言・暴行がみられた。観察継続していると，AはMと目が合う度に，Mに対して「叩く」という行動を実施した。TとMで相談の上，介入する問題行動をAの「Mと目が合うとMを叩く」に設定した。MはAと目が合って叩かれると，その場を去るという対応をしていた。

（5）ステップ6

　Mが，「Mと目が合うとMを叩く」行動に関して，MASによって機能分析を実施した結果，「自己刺激機能」12点，「逃避・回避機能」0点，「注目要求機能」5点，「もの・活動要求機能」2点で「自己刺激機能」が仮定された。

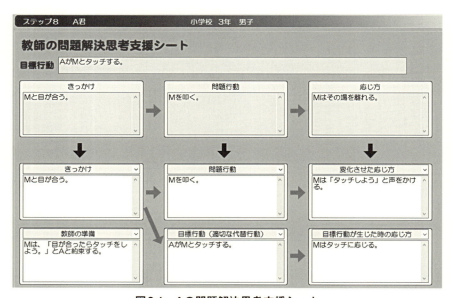

図3-1　Aの問題解決思考支援シート

小学校における個別支援計画作成と専門支援機関との連携 第3章

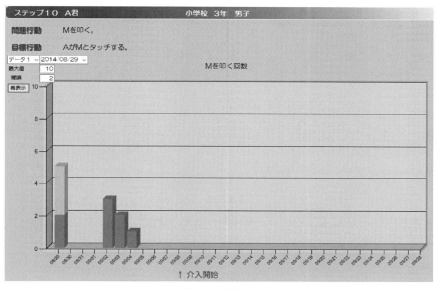

図3-2 「叩く」行動の出現頻度

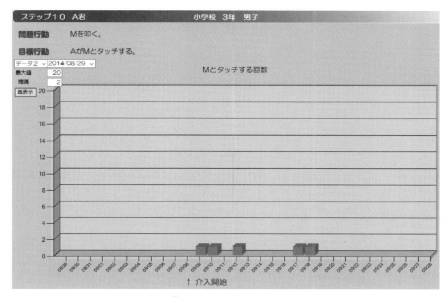

図3-3 「タッチする」行動の出現頻度

（6）ステップ7・8

　MはAの「Mと目が合うとMを叩く」行動を「自己刺激機能」と捉え，この問題行動の機能を低下させること，他の社会的に適切な代替行動を形成することを考えた。そこで，MはTとの相談の結果，Aと「目が合ったらタッチをする」行動を約束して遂行することとした。図3-1にAの「教師の問題解決思考支援シート」を示す。

（7）ステップ9

　9月14日から9月19日のM介入の結果，AはMと目が合う度にタッチをした。同時にAがMを「叩く」行動は減少した。また，タッチ後，AはMと笑顔で会話をするようになり，Aの関心のある話を話した。また，Aが困った時，Mに尋ねに来る行動もあった。

（8）ステップ10

　Mの介入の結果，Aの「Mを叩く」行動が見られなくなった（図3-2）。また，Aの代替行動である「タッチ」行動が形成された（図3-3）。

4 考察

　小学校教員に対する専門家による研修及び行動コンサルテーションと個別支援計画の立案，遂行を支援するソフトツールの併用は，児童の問題行動を短期間に改善させたことから，非常に効率的であり有効であるといえる。応用行動分析学の立場からの行動観察，機能分析，結果の記録，図表等の可視化，仮説修正時の対応といったプロセスが組み込まれたソフトツールを活用により，小学校教員自らがPDCAを実施可能であったことが有効であったといえる。
　問題解決の専門家との連携が難しい状況にある小学校現場において，効果的な連携を促進し教員自身の問題解決力を高める可能性のあるツールの活用による専門家との連携であるといえる。

【引用・参考文献】

小野昌彦（2006）不登校ゼロの達成．明治図書出版．

小野昌彦（2012）児童・生徒の問題行動解決ツール－教師のための10ステップ実践ガイド－．風間書房．

小野昌彦・佐藤基樹（2015）教職大学院のメンターシップ実習における個別観察の教育効果Ⅱ－現職小学校教員を対象として－．宮崎大学教育文化学部附属教育協働開発センター紀要．23, 127-143.

文部科学省（2010）生徒指導提要．教育図書．

第4章

専門機関と特別支援教育コーディネーターの連携
――個別支援計画を活用した登校しぶりの解決

伊藤陽子・小野昌彦

1 個別支援計画の作成と実施における専門家のサポート

　児童が登校をしぶる原因や背景は，様々である。その為，登校しぶりへの対応は，アセスメントに基づく個別の支援が不可欠となるが，個別支援計画の考え方が浸透している学校現場はまだ少ない。小学校教員の仕事は，教科指導に留まらず，学級経営，生徒指導，校務分掌，保護者対応と多忙を極め，担任1人で個々の児童へ綿密な対応をすることは大変厳しい状況にある。また，そもそも小学校教員養成において個別支援対応は組み込まれていない。

　したがって，現時点においては，登校をしぶる児童（発達障害のある児童／持たない児童）への支援は，特別支援教育コーディネーターが，その専門性を生かして支援計画立案，遂行支援，支援体制の構築，整備をすることが必要である。ところが，その特別支援教育コーディネーターが登校しぶり等にアセスメントを実施し，具体的支援方法を個別支援計画として提案，実施しているところは殆どないといえる。この現状を抜本的に改善するためには，個別支援計画を立案，実施できる特別支援教育コーディネーターの専門的な視点からの養成が必要であるといえるが，長期間の時間を要することは自明の理である。

　現状における有効な対応法の一つとして，行動分析，行動療法の専門家による特別支援教育コーディネーターサポート，コンサルテーションサポートがある。そこで，本稿においては，特別支援教育コーディネーターの個別支援計画作成及び実施サポートを専門家（第2著者，大学教員，専門行動療法士）が，実際の計画実行を特別支援教育コーディネーターと担任が実施した事例を紹介する。

2 登校しぶりのある発達障害児童のサポート事例

(1) 対象

児童は，小学校5年生（支援開始時11歳）の女子児童（以下，Bと略す）。家族構成は，父母とB，姉（中1），弟（小3），妹（幼稚園年中）の6人家族であった。

(2) 困り感と相談までの経緯

Bの低い自己評価やマイナス思考を心配した保護者が医療機関を受診したところ，アスペルガー症候群との診断を受けた。Bは在籍校の特別支援教育コーディネーターの担当となり，Bの登校しぶりの問題は早期に解決しないと継続的不登校を誘発すると考え，個別支援計画作成，遂行サポートを専門行動療法士（第2著者，以下，Tと略す）に校長から依頼した。Tは，校長からの依頼を受諾した。外部機関におけるTと母親との母子面接が夏休み中の8月20日，所属校での母親，特別支援教育コーディネーターとの面接が9月4日に実施された。

3 登校しぶりをめぐる情報

(1) 登校しぶり発現前の行動特性

Bは，乳児期に泣いている際に抱き起こすと激しく泣く，夜泣きをした時は，何をしても泣き止まないという状況であった。小学校高学年までに反抗期はなく，兄弟の中では一番の甘えん坊であった。現時点でも朝は布団の中で抱っこをされたがるとのことだった。

母親の一番の困り感は，Bの寝起きに活気がなく，ぐずぐずしていることから生じていた。Bは，夜は11時すぎまで起きていることが多く，日中仮眠をとると余計に寝られなくなるようである。寝付くのに1時間はかかり，本を読んでいたりする。朝は起こさなければ10時ぐらいまで寝ており，起こせば何とか7時前には起きられるとのことだった。

二番目に困っていることは，家庭で宿題などを教えていても，途中でパニックになり，受け入れようとしない，面倒な計算なども嫌がるとのことであった。対人関係については，Bは，世話好きで兄弟の習い事の世話をよくする一方，昔から引っ込み思案で，自分から他人にかかわりを求めていくタイプではないとのことであった。余暇活動は，外遊びはあまりせず，走ること，球技は苦手で，主に家の中でゲームや読書をすることを好む傾向にあった。

　Bの学力の状況は，担任の評価によると，当該学年の既習事項については問題ない定着状況だった。体力の状況は，体調不良が続く中で運動不足となり，体力が落ちた状態と推察された。

（2）不登校発現の経過

　6月からBは，朝の登校をしぶるようになった。登校班で登校することができず，保護者の車で送ってもらうことが多くなり泣きながら登校し，時には保健室でしばらく過ごしてから教室に入ることもあった。6,7月における保健室利用は，4回であった。保護者は，Bが体調不良を訴えた時は学校に欠席届又は電話で連絡をしてから休ませるようにした。

　登校しぶり時，登校時にBには，特別支援教育コーディネーターの観察によると神経症反応，不安反応は見られなかった。この時点におけるBの就寝時刻は，午後11時頃，起床は午前7時頃であった。特別支援教育コーディネーターからみたBの登校しぶりのあった日の特徴は，宿題が終わっていなかったり，準備物や提出物が見つからなかったりした日であった。

　また，特別支援教育コーディネーターの観察によると，Bと登校班の児童たちとの関係は良好であったという。

（3）学校支援体制

　担任とB，保護者の関係は良好であった。特別支援教育コーディネーターと担任，B，保護者との関係も良好であった。校長は，Bの登校しぶり支援に関して協力的でTに専門的協力要請をしていた。

(4) 機能分析

朝の登校しぶりについて，MASチェックリスト（Motivation Assessment Scale；Durand, 1990）による機能分析を行った。Bの登校しぶり行動の機能は，もの・活動の要求機能3点，注目要求機能2.75点，逃避・回避機能2.25点，自己刺激機能0点であった。この結果から，Bの登校しぶり行動の機能をもの・活動の機能と仮定し，問題解決思考支援シート（小野, 2012）を用いて対応法を整理した（図4-1）。

4 行動アセスメントとしての情報統合及び方法

(1) 行動アセスメント

前述のアセスメント情報から，Bは，依存的なパーソナリティであり，就寝時刻の乱れによる起床時刻の遅延，宿題や提出物を準備していないこと，遅延した時点における保護者の声かけや抱っこ等のかかわり，車送迎により登校時

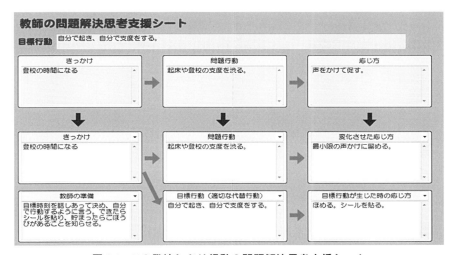

図4-1　Bの登校しぶり行動の問題解決思考支援シート

刻に間に合っているという正の強化刺激が随伴したことによって，登校前の家庭内行動が維持していると考えられた。すなわち，登校しぶり行動は，車送迎を要求する機能があると考えられた。しかしながら，登校班の集合時刻に遅れ，登校班登校ができていないことから，徐々に登校班メンバーとの関係で嫌な状況が継続する可能性があった。このBの車送迎登校は，Bが登校後の登校班メンバーとのかかわりの悪化を誘発し，学校場面の嫌な感じを上昇させ，さらに登校しぶりを悪化させて，継続不登校につながる可能性があった。

そこで，この登校しぶり状況は，継続不登校未然防止のためにも早急に改善する必要性があると考えられた。そこで，学校内における嫌な感じの上昇を減少させるために，登校班登校を目標とした支援を実施することとした。そのためには，Bの生活習慣を修正し，宿題の遂行，提出物の準備により保護者の車送迎を実施しなくてもよい状況にすることを目標とした。すなわち，登校班との待ち合わせ時刻に間に合う生活習慣を形成するために，登校しぶりの誘発条件である，就寝時刻，起床時刻の変容，宿題未実施，提出物未準備，登校しぶり維持条件であった保護者の送迎をなくすこととした。登校班集合時刻に間にあう生活習慣には，正の強化刺激が随伴するようにした。

(2) 支援方針と方法

Bは，特別支援教育コーディネーターの観察によると不安反応が見られないということであったので，オペラント条件付けの枠組みで支援した。登校班にBにとっての正の強化刺激を配置することは困難であったのでバックアップ強化刺激を活用した。登校班登校直後の即時強化と家庭内行動への保護者のほめ方の練習を考慮に入れ，自己記録法と随伴性コントロール法を適用することとした。行動チェック表の目標は，始めは特別支援教育コーディネーターと保護者が話しあって設定したが，達成状況をみながら保護者とBが話し合い，自己決定，自己計画立案，遂行する形に移行した。登校班登校ができた日には，担任が賞賛してシールを渡し，家庭でも保護者が賞賛してカレンダーにシールを貼っていくようにした。面談及び支援計画遂行において，Tの助言を特別支援教育コーディネーターは受けた。

5 支援の経過

 9月4日，保護者から支援依頼，支援内容に関する了承が得られた。実際の支援は，秋休み（10月10日〜19日）を除く9月30日から11月14日の1ヶ月半，6週間実施した。秋休み前の2週間（1週目が9月30日〜10月3日，2週目が10月6日〜10月9日）を第Ⅰ期とする。この時期は，特別支援教育コーディネーターと保護者が話しあって目標設定をし，目標達成時に保護者がほめるという対応，随伴性コントロール法を実施した。秋休み後の4週間（1週目が10月20日〜10月24日，2週目が10月27日〜10月31日，3週目が11月4日〜11月7日，4週目が11月10日〜14日）を第Ⅱ期とする。この時期は，保護者とBが話し合い，自己決定，自己計画立案，遂行する形に移行した。登校班登校ができた日には，担任が賞賛してシールを渡し，家庭でも保護者が賞賛してカレンダーにシールを貼っていくようにした。すなわち，自己記録法と随伴性コントロール法を適用した。

6 支援結果

 Bは，6週間の支援期間で登校班登校は達成され継続登校となった。図4-2に登校班登校率の推移を示す。第Ⅰ期において，登校班登校率は，50％まで上昇し

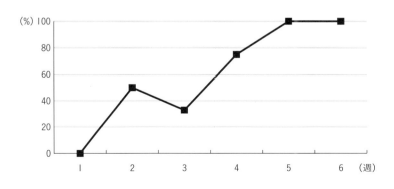

図4-2　Bの登校班登校率の推移

表4-1 Bの自己記録表(書字はB本人,コメントは,特別支援教育コーディネーターが書いたもの 1部記録なし)

【児童用】

行動＼日付	10/23	10/24	10/25	10/26	10/27	10/28	10/29	10/30	10/31	11/4	11/5	11/6	11/7	11/10	11/11
6:20に自分で起きる	×	○			○	○	○	○	×	×	○	○	○	×	○
6:35までに脱衣をすませる	○	○			○	○	○	○	×	○	○	○	×	○	○
7:05までに朝食を食べ始める	×	○			○	○	○	×	×	×	×	×	×	×	×
7:15までに玄関に出る	○	○			×	○	○	×	××	○	○	○	○	×	○
10:20までに寝る。	○														
登校班登校		○			○	○	○	○	○	○	○	○	○	○	○

表4-2 保護者の自己記録表(書字は,母親が記入)

【保護者用】

行動＼日付	10/23	10/24	10/25	10/26	10/27	10/28	10/29	10/30	10/31	11/4	11/5	11/6	11/7	11/10	11/11
6:35までに起きてこなかったら起こす	×	○	○	○	○	○	○	○	○	○	○	○	○	○	○
6:35までに朝食を提供する	×	×	○	○	×	○	○	○	○	×	○	○	○	○	×
シールを貼り,ほめる	○	×	○	○	○	○	○	×	○	○	○	×	○	○	○
就寝時刻の記録	22:20	22:00	22:00	22:00	22:00	22:10	22:20	22:00	22:10	22:20	22:20	22:00	22:20	22:00	22:20

た。登校班への集合場所へは父親が送り,集合時刻に間に合わない場合も,父親とともに徒歩登校した。登校後は,担任はBの頑張りをほめると同時に,運動不足解消の為に昼休みの外遊びをするように指導した。第Ⅱ期においては,自己記録法(Bと母親)の実施状況を表4-1と表4-2に示す。

Bの重要な目標行動であった23時前の就寝のために,22時20分就寝という目標を設定し10月23日から11月11日まで100%達成されていた。その影響でBの6時20分の起床は母親の手助けもあり達成されていた。秋休み明け登校班登校率が当初は30%であったが,75%,100%,100%となった。2週間の登校班登校が達成できたことから習慣化されたと考え,計画的支援を終了した。

保護者のBへのかかわり方は,登校しぶり行動にもの・活動要求機能を持たせないように,最小限の声かけに留める応じ方に変化させた。そして,事前に

Bと目標行動を話し合って準備し，目標行動が達成できたらほめるといった応じ方に変化したといえる。欠席時の対応については，妥当な欠席理由（発熱もしくは医師の判断があった場合）の時のみ休ませるように学校側と保護者で共通理解した。

以上の支援の結果，Bの登校しぶりは解消し，その後も継続して登校できている。担任からは，笑顔が増えた，行動に活気があるといったB自身の変化も聞かれた。

7　考察

（1）短期解決の要因について

本事例が短期解決した要因として，登校しぶり発現前条件である運動不足や生活リズムの僅かな乱れ，登校しぶり維持条件である保護者の受容的なかかわりが，徒歩登校や外遊びの奨励，行動チェック表の実施により，それらの条件がなくなり，体力の向上，生活リズムの修正，目標行動を話し合って準備し，目標行動が達成できたらほめるといった保護者の応じ方の変化が登校維持条件となったことが考えられる。

アセスメントは前述の通り，できるだけ客観的な情報を多岐に収集し，それをもとに再登校支援計画を策定した。特に機能分析の客観的な指標は，支援計画を策定・実施する上で，重要な根拠となった。はじめに述べたように，登校しぶりの要因は様々で，それに対する対応法もまた個々で違ってくる。その意味で，再登校支援計画はオーダーメードでなければならない。

（2）特別支援教育コーディネーターの役割

今回，特別支援教育コーディネーターは，アセスメントと再登校支援計画策定，保護者支援を主に担った。

保護者支援では，支援の方針を，Bが課題を乗り越えられるような手立てを取り，ほめ，励ますことで，自らの課題を乗り越え，自信をつけさせることを基本とした。また，学校場面でのプラスを増やし，家庭でのプラスを減らすこと，

保護者がBの前で動揺した様子を見せないようにするなど，できるだけ具体的に助言するようにした。保護者は特別支援教育コーディネーターの助言を真摯に受け止め，家庭で誠実に実行した。迷ったり悩んだりした時は，特別支援教育コーディネーターへ助言を求め，課題を乗り越えていった。Bの場合，登校しぶりと家庭内での行動が深く関連していたことから保護者の支援協力があったことが早期改善に効果的であった。

(3) 専門機関との連携

本事例において，Tの支援を受けたことが，短期解決，不登校発現予防の観点において非常に重要であった。面接によるアセスメント，再登校支援計画の監修，特別支援コーディネーターによる支援計画実行に係る相談等，行動分析が実施可能な専門家であるTの支援なくして，本事例の早期解決はなかったと考える。

付記
事例を公表するにあたり，F，Gの保護者の承認を得ています。

【引用・参考文献】

Durand, V. (1990) Severe behavior problems : A functional communication training approach. Guilford Press, New York.
小野昌彦（2012）児童・生徒の問題行動解決ツール―教師のための 10 ステップ実践ガイド―. 風間書房.

第5章

保健室登校児童に対する学内連携支援
――アセスメント・個別支援計画に基づく連携支援

井上文敏

1 保健室登校はゴールではない

　児童一人一人は前向きに考え，「続けていれば，必ずできるようになる」「よいことをすれば，必ずよいがある」というように，自身の未来に対する肯定的な感情をもって生活したいと願っている。

　これらの願いをもって生活を続ける中で，児童が不登校となるにはさまざまな原因や背景がある。

(1) 保健室登校から教室登校へ

　不登校の状況は多様化し複雑化している。その中でも対応が求められているものに保健室登校がある。

　この保健室登校は，教室登校に向けての段階的な支援の一つとして捉えることができる。児童の状況によって大きく分類すると次のようになる。

　① ［教室登校準備期間］自分のペースで学級集団に入るためのスキルを身に付けるなどの準備・練習の場
　② ［一時離脱期間］教室から一時的に離れる場
　③ ［段階的な解決期間］家庭での不登校状態から学校に近づいた場

などとみることができる。

　これらのことから，児童の状況や家庭，学校でのこれまでの様子や対応をみながら，教室登校を促す適切な働きかけを行うことが重要であり，学校の保健室まで来ることができたのだからと安心していると児童にとって居心地がよいものとなり，保健室登校の長期化という新たな問題が生じてしまうことになる。

（2）保健室登校に関わる課題

　保健室登校は望ましい状態であるとは言い難く，さまざまな課題がある。

　まず，保健室登校は，「教室での正規の教育を受ける機会を逸することであり，望ましい状態とはいいがたい。」（金山・小野，2007）とあるように，このことが長期に及ぶことは好ましい状態ではない。

　さらに，保健室の環境を整え，不登校，保健室登校にかかわる原因等を和らげる状況づくりを行うことにより，保健室が居心地のよい，快適な空間となるために，保健室登校が長期化するということがある。例えば，教室での困難な課題についての回避である場合，養護教諭のかかわりが保健室登校を維持強化しているということにもなりかねないのである。

　また，養護教諭にとっては保健室登校する児童に対する働きかけは大切なことであるが，「対応に時間がとられる」「事務的な仕事に影響がでる」「担任が児童への対応を任せる」「保健室登校により家庭の協力が少なくなる」など，さまざまな負担が生じてくることが予想されるのである。

　したがって，保健室登校を教室登校への段階的支援として位置付け，保健室登校から教室登校へと早期に可能となるよう学内連携を強化して，家庭，教員，養護教諭，特別支援教育コーディネーター，スクールカウンセラー（以下，SCと略す），学校管理職が学校組織を構成しながら，教室登校を可能とする支援を一体となって取り組んでいくことが大切なのである。

2　保健室登校等にかかわる支援の事例①
　　―登校しぶりとなった男子児童への学内連携対応（仮想事例）―

（1）対象

　児童はC。第4学年（10歳），男児であった。

（2）課題の発生と当初対応

　文化的な行事の練習が始まった10月8日，宿題をやり忘れたCは，「学校に行

きたくない」と母親に訴え，学校を欠席した。その日をきっかけに体調不良による欠席が3日続いた。欠席が続いていることに気付いた養護教諭が担任に状況を聞いたところ，母親からCが学校に行きたがらないという相談を受けたという話があった。担任の状況から保護者からの相談の意味を十分理解しているとは伺えず，早期に働きかけを行わないと原因がはっきりと分からないまま不登校状態になることが予想された。このため，担任，学年主任，養護教諭，学校担当SC，管理職等による学内連携を図る不登校支援特別会議を開き，当面の対策を立てることになった。

その結果，担任は保護者と面談し，児童にかかわる情報と家庭での状況，要望・願いを収集するとともに，今後の担任の対応や養護教諭，学校担当SCとの面談を設定することを決定した。

(3) 行動アセスメントのための情報収集

1) 発現前の行動特性

Cは幼少時から，自分の思う通りに進まないと泣いて解決を図ることが多かった。母親も泣き続けるので，思う通りにさせることが多かったという。

学校においても入学以来，言葉で自分の思いを伝えることよりも気の進まないことは避ける傾向があった。このため友人は多い方ではないが，学級内で気の合う仲間数人と共に過ごすことが多かった。そして，自分から積極的に遊びをつくるということはなく，仲間の考えにしたがってついていく傾向があった。

学習の状況は基礎的基本的事項についての理解が増してきていたが，丁寧さに欠けるため計算や作文等については苦手意識をもっていた。しかしながら，ベーシックドリルなど繰り返し学習を進んで行うなど，自分なりに努力を重ねながら小数や分数の計算についても確実性が高くなり自信をもってきていた。

2) 発現の経過

自信をつかみかけてきた計算ドリルの宿題を忘れたことから，励ましてくれていた担任に叱られると思い，Cの登校しぶりが始まった。

担任との面談により，仲のよかった友達とうまく遊ぶことができなくなるなど友人関係に悩みがあることや文化的行事にかかわる台詞が覚えていないので，

みんなに迷惑かけるといけないという思いがあることが分かってきた。また，母親は登校することに対しては否定的であり，Cを見守っていたいという気持ちが強くみられたが，父親は登校について積極的であった。

これまでに友達とうまくいかないときには保健室に具合が悪いと言って休むということが時々見られていた。1時間程度休んでから，教室に戻るということ繰り返している時期もあった。

保護者及びCとの面談（10月15日）の結果，父親がCを連れ，他の児童の登校時刻よりも早く学校に一緒に来るというかたちの保健室登校をとることで，Cに対する改善が始まった。

3）学内組織の支援体制

担任とC，保護者との関係は担任からの積極的な情報提供により，コミュニケーションも良好であった。学校担当SCへの要請や保護者との面談を行うなど，管理職も積極的にCの登校を背後から支援した。

（4）アセスメントのための情報統合

Cは思う通りに進まないと泣いて解決を図り，思う通りになるという環境の中で育ってきたと考えられる。そのため，課題に向かった場合，言葉を用いて思いを伝えることや支援を求めるという行動が十分身に付いていないということがわかる。

本事例においても，宿題をしなかったということを回避することから欠席が発現し，友達との関係についてどうしたらよいかわからないことから欠席が連続したと考えられる。また，文化的行事にかかわる台詞に関しても回避的行動であることが考えられた。

そして，保健室登校については連続的な欠席とならないための対応であり，Cの教室登校に向けて教室登校を可能とする支援を行い，回避的な行動をとらないよう指導を進めることがねらいであった。

（5）個別支援計画の方針と方法

このようなアセスメントに基づき，保健室登校は回避行動を支える強化とな

らないよう，次のことを重点に指導することにした。

① Cが課題に直面したとき課題をさけるような行動をした場合には，課題の回避を支え認める対応は取らないこと。そして，自分の思いや考えを「言葉で伝えること」などの社会的スキルを指導する。
② 自分の思いや考えを伝え回避しないで課題を直面できた場合には，しっかりと言葉で伝え，ほめるようにする。

（6）支援の内容

①学校生活計画表を作成する

　Cの1日の保健室の過ごし方を計画し，目標をもって生活させるようにした。2週目後半より給食を数名の児童と食べることができるようになってきた。

②Cの抱える不安や課題と向き合い，受け止める

　養護教諭が健康相談を行い，Cとの面談を通して不安や課題の整理を行うとともに，学校担当SCが週1回ずつカウンセリングを行うようにした。

　さらに，保護者，学級担任，養護教諭，SCで面談を行い，子どもの話し伝えるスキルを育てるため家庭での母親の対応等についての協力と方法について話し合うようにした。特に，家庭での登校時において，Cの不安を醸し出すような表現，「頭は，お腹は痛くない」「早くしないとお父さん出かけてしまうよ」などについては控えるように，具体的に伝えた。また，養護教諭は面談を通しながらCの不安や悩みがどのようなものであるか「友達」「先生」「自分自身」に分類することにより，その対応の仕方について考えさせるようにした。

③担任によるきめ細かな支援を進める

　週の時間割に沿った学習計画表を示すことにより，Cは学習を進めるとともに，ワークシートや課題を与え，教室での学習の支援を進めた。さらに，保護者にはCの学校での様子や家庭での様子を聞き取るようにした。また，Cの学級内の友人関係についての対応に関する話し合いを進めた。

④社会的スキルの育成

　自分の思いや考えを言葉で表現し，周りの人に思いを伝えていくことを繰り返し指導するようにした。学校生活の具体的な場面，友人とのトラブルや生活場面で困ったときなどを想定しながら学びを進めるようにした。すべての場面ではなく，困ったときや悩んだときには，「伝える」ということが大切であることを感じられるように進めた。

⑤教室登校の支援

　登校は父親がCを連れてきたが，学級担任が玄関でCを迎え，他の児童より早く教室に入るようにすることで，教室登校行動の形成を支援した。

（7）支援の結果

　Cの保健室登校は10月18日より約4週間続いた。その後，Cは教室登校となった。

　アセスメントに基づく個別の支援計画を進めることによって，思う通りにならない課題を避け，それを保護者（周囲）が認めるという行動から，思う通りにならない行動に対して自分なりに思いを伝え，周囲に働きかけるという行動を指導することにより，他とのかかわりが円滑にできるようになってきた。このことによって課題を自分なりに自信をもって対応できるようになったことから教室登校へと向かっていった。

　これまでの生活場面を見つめ，教室場面での課題を整理し，課題克服ための社会的なスキルを育成することによって教室登校が可能となったといえる。

　教室登校後，Cはこれまで苦手であった身の周りの整理についても自分から取り組み，友達から認められたことによって少しずつ自分の思いを伝える機会が多くなり，仲間との関係もよくなった。

（8）事例①の考察

　今回の保健室登校は，長期不登校とならないための対策であったが，Cにとってはこれまで繰り返されていた困難からの回避行動の継続であることは変わらない。

本事例が長期にわたる不登校とならなかったのは，早期に校内連携体制を確立し情報収集に基づいたアセスメントを行い，具体的な個別指導計画を設定してＣに働きかけたことによる。また，保護者のＣに対する思いとこれまでの対応を母親が変えることへの理解と協力に負うところが大きい。

　Ｃにとって自分なりに課題に対する対応への見通しをもてることが自分の自信となり，学校生活の意欲へと発展していった。

　そして，保健室登校では居心地のよい環境をつくるという対応が多くなるが，居心地のよさだけでは不登校を改善し，教室登校へとつながることはない。情報収集に基づくアセスメントを校内支援組織を活用しながら行い，個別の支援計画を立てて実行していくことが重要である。このことの積み重ねが，教師一人一人の意識と実践力を養い，学校全体の不登校等の課題対応力を高めるとともに，学校の教育力を一層高めていくことになるのである。

3 教室登校等にかかわる支援の事例②
　　―登校しぶりとなった女子児童への学内連携対応（仮想事例）―

（１）対象

　児童はＤ。第２学年（８歳），女児であった。

（２）課題の発生と当初対応

　２学期の後半より朝登校の際にぐずるようになり，その度に頭痛や腹痛を訴えた。母親は病気かを心配し，内科に受診したり，学校を欠席させたりしていた。

　３学期に入り不登校となり，欠席が続いていた。母親は風邪であると担任には連絡していたが，欠席６日目に母親が保健室に相談に訪れた。家では勉強をしているが，早く学校に行かせたいという相談であった。

（3）行動アセスメントのための情報収集

1）発現前の行動特性

　Dの性格は真面目で，几帳面である。母親は一見おおらかであるがきっちりとしている。Dの登校時は髪をきれいに結び，女児らしい華やかな服を着ている。

　体調には波があったので，少し遅れても親が連れて来るということが多くなっていた。給食は好き嫌いが多く，全部食べることはなかった。登校したときには下校時刻まで過ごすことができ，体調の不調を伝えるということはなかった。翌日はぐずり，遅刻するということを繰り返していた。教室での様子は学習や作業をきちんと行っていたが，ていねいに物事を進めるために時間がかかり，担任からせかされるという場面も見られた。

　母親はこの間，何回か担任に相談していたが，解決策が見つからなかったという。また，保護者からの相談があったことへの学年主任や養護教諭等教育相談の組織への報告・相談はなかった。

2）発現時の行動

　母親に面談を通して家庭で過ごしている状況について聞いた。Dは，食事は好きな炭水化物だけをとっていた。入浴時は母親に隅々まで洗わせ，2時間近くも入っているという。夜寝るときにはベッドまで抱っこして連れて行くという，Dの要求を受け入れている状況であった。また，家の中にいるだけではいけないと考え，登校してくれるなら水族館などに連れて行くということも約束していた。

　担任に対する思いは口にすることはなかった。Dが願うことには自分がしてあげることが学校に行くことにつながるという思いが強く，そのように行動していた。

3）学内組織の支援体制

　養護教諭，担任，特別支援コーディネーター，管理職との間で具体的なすぐに行うべき対応と登校した場合の対応についてきめ細やかに打ち合わせを行う

とともに，特別支援コーディネーターを交えた保護者への対応を早期に進めるなど，保護者との関係は適切に保たれていた。担任の指導に対しては，Dは他の子が叱られていても自分が叱られているように受け止めてしまう傾向があり，強い表現を改善するとともに，Dのていねいな作業についても認めていくような対応が必要であることが話し合われ，学びの環境の改善も進めた。しかしながら，状況に適応していくDの対応力を育成することが同じようなことを繰り返さない視点であることも確認された。

(4) アセスメントのための情報統合とその方法

母親の行動から見えるDの対応は，「こうしてくれれば学校に行ってあげる」という状態であり，このことを繰り返しているなら不登校の状況は改善されることはないことを伝え，適切な方向へ改善していく必要がある。そもそも不登校になったからといって，子どもは家で好き勝手にしてよいことはないこと，親が子どもの要求を認め行えば行うほど，集団の中で生活する学校よりも家庭における今の状況のほうが居心地のよいものとなり，Dのためと思う対応が家庭にいることを強化させ，継続させていることに気付かせていく必要があると考え，早期に面談をおこない対応するようにした。

①児童の要求を認める母親の対応で改善すべきところは改善する。

②Dは他の子が叱られているのを見て自分はそんな体験をしたくないと思い，いい子であろうとすると不安や不満をためることにもなる。それらを他のものや人で癒そうとしていると考えられ，自分のことは自分でできる力があるという自信を育てる母親からの言葉かけを多くしていくようにした。

(5) 経過

3週間ほどして母親が保健室に来校し，その後の経過について養護教諭に報告があった。入浴は1時間にし，自分で洗えるところは洗えるようにしたこと。抱っこでベッドに行っていたことは改善され，自分で行くようになったこと。食事は苦手なものでも少しずつでも食べることを約束し，頑張って食べているとのことであった。

このように一つ一つの事柄が具体的に進展していることを母親の言葉と態度

から感じることができた。Dは自分の生活を振り返りながら，母親の励ましを素直に聞き，自分で行うことを多くしていると受け止めることができた。養護教諭はこの間の母親のきめ細やかな対応と努力についてほめることを忘れなかった。

(6) 結果

2月半ば，朝から遅刻せずに登校した。それ以降，これまでのことがなかったかのように，毎日登校することができるようになった。

担任もこれまでの指導を改善し，児童のよさを認め励ますことの大切さを感じながら指導を進めていくことを心がけていた。Dはじっくりと取り組む様子と成果を認められながら，生活班の役割も自分から進んで仲間とかかわりながら行うようになっていった。

以後，Dは3月終業式まで通常に学校生活を進めることができた。さらに，次の学年においても自分らしさを発揮しながら活動することができた。

(7) 事例②の考察

この事例は担任の日常的な指導から影響を受けた児童が登校しぶりから不登校になったと考えられる。学級担任は自身の教育活動を教育活動の結果だけでなく，子どもの行動や保護者の言葉を受け止めながら省察し，子どもの状況を見つめながら具体的に改善していくことによって，自らの指導力の向上を図ることができる。

児童の願い・要求をむやみに聞き入れることは背景にある行動の強化につながることを母親に伝え，理解を図り，行動の改善を促したアセスメントに基づく個別指導計画の対応は，保護者が学校不信になることなく対応できたために早期に不登校が改善され，教室登校の継続につながったが，不安や不満をためる傾向があるDに対して，自分のことは自分でできる力があることを伝え自覚させていくように働きかけたことが登校への自信となったと考えられる。

養護教諭を中心とする校内連携組織は早期計画，早期実践を行うことによって児童の不登校を改善していくことに意義がある。このためにも，アセスメントに基づく不登校状況に適応させた個別支援計画の作成と実践は欠かすことは

できない。

謝辞　子どもたちへの対応が忙しい中，ご協力をいただいた養護教諭の石井里奈先生，桑山初美先生。お二人に深く感謝申し上げます。細かな質問にも心優しく丁寧に答えていただいたことが励みとなりました。ありがとうございます。

【引用・参考文献】

小野昌彦（2011）当事者の生の声から学ぶ教師と保護者の協働による不登校支援．東洋館出版社．

金山佐喜子・小野昌彦（2007）保健室登校児への教室登校支援．行動療法研究，33（2），157-169．

日本行動分析学会編（2015）ケースで学ぶ行動分析学による問題解決．金剛出版．

第6章

機能的アセスメントによる授業場面適応支援
―― クラスワイドな支援から個別支援へ

関戸英紀

1 階層モデル：クラスワイドな支援から個別支援へ

　近年，問題行動に対する学級担任（以下，担任と略す）の負担の軽減という観点から，クラスワイド（学級規模）な支援に基づいた問題行動の「階層モデル」が提唱されている。これは，第一次介入として学級の全児童生徒を支援し，それだけでは問題行動の改善が困難であると考えられる場合に，第二次介入として専門的な個別支援を行っていく。すなわち，第一次介入では，問題行動そのものではなく，その代替行動となりうる向社会的行動を学級の全児童生徒に共通する行動目標として設定し，支援を進めていく。学級の全児童生徒を対象とするために，標的行動を未獲得の児童生徒はそれを獲得することが可能となる。一方，すでに標的行動を獲得している児童生徒はそれを意識的に実行でき，また行動目標として明確化されているため担任もそのことを強化しやすくなる（興津・関戸，2007）。このように，第一次介入として学級の全児童生徒に対し向社会的行動を行動目標として設定し，支援を進めていくことによって，学級内に問題行動を示す児童生徒が複数名いた場合でも支援が可能となり，しかも結果として個別支援を必要とする児童生徒をスクリーニングすることになる。

　本稿では，小学校通常学級3年に在籍し，授業中に離席等を示すアスペルガー障害が疑われる対象児に対して，機能的アセスメントによる個別支援を開始する前に，対象児が所属する学級にクラスワイドな支援を行った事例について紹介する。その背景として，授業中以外でも対象児の支援に多くの時間が必要であったため，他児に対する担任の対応が希薄になってしまったこと，また一部の男児が対象児の離席に追随した行動を示したことがあげられる。

2 方法

(1) 対象児

公立小学校の通常学級に在籍する3年生の男児（以下，Eと略す）。小学校入学前に療育機関でアスペルガー障害の疑いがあるといわれた。WISC－Ⅲ（検査実施時5歳6か月）の結果は，全IQ94，MA5歳2か月であった。

(2) Eの級友

Eが所属するクラスには，Eを含めて31名が在籍していた。担任や特別支援教育コーディネーターの指導によって，多くの児童はEの問題行動に過剰に反応したり，Eとともに授業を逸脱したりすることはなかった。しかし，支援開始前の5月頃からEが離席をしたり，机の下にもぐったりすると，時々2～3名の男児がEの行動に追随するようになった。

(3) 担任

20歳代の初任の女性教員であった。特別支援教育コーディネーターから助言を受け，危険が伴わない限り問題行動がみられてもそれに反応しないことを原則としたが，Eが授業を中断させた場合などは無反応でいるわけにもいかず，Eを注意せざるを得なかった。また，授業中以外でもEの支援に多くの時間を要するため，他児を支援するための時間が限られてしまうことも課題となっていた。

(4) アシスタントティーチャー

中学校教員で大学研究生が，アシスタントティーチャー（以下，ATと略す）として，毎週月曜日にEの学級を訪れた。児童の登校時から下校時まで在校し，主としてEの支援および担任の補助を担った。

(5) クラスワイドな支援

忘れ物や当番の仕事等に関して，児童一人ひとりに対する日常的な支援の必

要性を感じながらも，担任の対応が希薄になっていた。そこで，担任とATとで検討を行った結果，標的行動として，①宿題を提出する，②教科書やノートを忘れない，③（学習に必要な）道具を忘れない，④係や当番の仕事をする，⑤掃除をきちんとする，の5項目を選定した。そして，標的行動を未獲得の児童にはそれらの獲得を，すでに標的行動を獲得している児童にはそれらを意識的に実行させ，また担任等からそのことを強化されることを目的として，学級の全児童を対象に「できたかなカード」（図6-1参照）を導入した。できたかなカードは1週間分（5日間）を1枚とし，毎日，帰りの会の前に標的行動について児童に自己評価をさせた。毎週月曜日に，ATが1週間分の結果の確認をしてカードに得点を書き込み，各児童を称賛した。また，累積された得点が一定の基準に到達するとATから金色のシールが与えられ，帰りの会で紹介された。なお，カードには担任と保護者がサインをする欄も設け，ATばかりでなく，担任と保護者からも毎週称賛を得られるようにした。

できたかなカード

（　　）月　　　　　　　　　　なまえ＿＿＿＿＿＿＿＿

ポイント：よくできた…３点　だいたいできた…２点　あまりできなかったけれどつぎはがんばろう…１点

	日（月）	日（火）	日（水）	日（木）	日（金）
宿題を出せましたか					
教科書やノートのわすれものはありませんでしたか					
どうぐのわすれものはありませんでしたか					
係やとうばんのしごとはできましたか					
そうじはきちんとできましたか					
今日は何点？	点	点	点	点	点
メモ（わすれものやがんばることをかこう！）（れい）　火：社会のノート					

これまでのポイント合計	先生のサイン	保護者のサイン
点		

図6-1　できたかなカード

（6）Eへの個別支援

1）問題行動の機能的アセスメント：クラスワイドな支援を行ったが，Eの離席や宿題の提出に関しては改善がみられなかった。そこで，担任とATとで標的とする問題行動の同定を行った。その結果，問題行動として，①「（授業中）離席する（机の下にもぐる，床をはいずる，ベランダや廊下に出るなど；以下，離席と略す）」，②「音楽室への移動に遅れる（以下，移動の遅れと略す）」，③「連絡帳に宿題を記入しない（宿題をやってこない；以下，宿題の拒否と略す）」の3項目を選定した。次に，MASチェックリスト（Motivation Assessment Scale; Durand, 1990）を用い，担任がEの示す3つの問題行動の機能を査定した。あわせて担任とATが，Eの問題行動の機能的アセスメントを行った（図6-2上段参照）。それらの結果，離席は逃避と注目要求，移動の遅れと宿題の拒否は逃避の機能が推定された。

2）機能的アセスメントに基づいた支援：機能的アセスメントの結果に基づいて，図6-2下段に示したとおり，問題行動を防止するための状況要因および直前のきっかけへの方略(先行条件への方略)，問題行動と同じ機能をもつ代替行動の形成をめざす行動への方略，問題行動への対応ならびに望ましい行動や代替行動への対応としての結果条件への方略を実施した。主な支援方略は次のとおりであった。①状況要因への方略：笛の運指を向上させ，級友と並んで音楽室へ移動できるようになることを目的として，毎週月曜日の放課後，ATが笛の運指の個別支援を約15分間行った（以下，笛の個別支援と略す）。②直前のきっかけへの方略：担任がEを注目しているということを，E自身が意識できるように配慮した。すなわち，机間指導の際に質問がないか尋ねたり，称賛や教示を与えたりする，また全体説明の場面で語尾を伸ばしながらEを注視したり，Eの教科書の当該箇所を指差したりするなどを5分ごとに意図的に行った（以下，意図的注目と略す）。③行動への方略：宿題を毎日行い，その提出状況をE自身が確認できることを目的として，できたかなカードと並行して「宿題カード」を使用した。宿題カードは1週間分（5日間）を1枚とし，毎日，宿題への取り組み状況に応じて，Eが自己評価を行った。また，保護者との懇談でEがシールを好むことがわかった。そこで，帰りの会のときに担任が宿題の

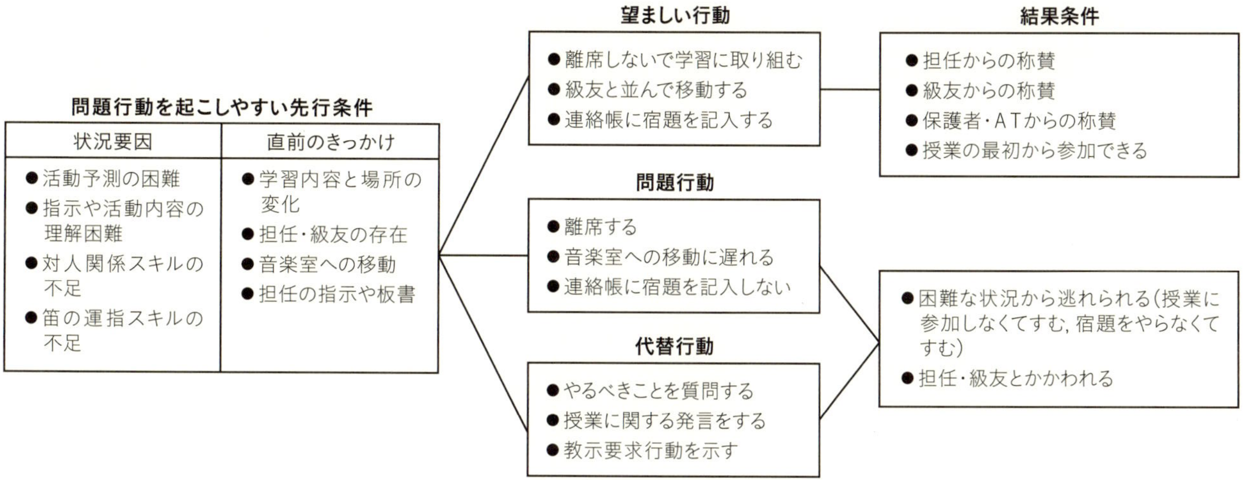

問題行動を起こしやすい先行条件

状況要因	直前のきっかけ
● 活動予測の困難 ● 指示や活動内容の理解困難 ● 対人関係スキルの不足 ● 笛の運指スキルの不足	● 学習内容と場所の変化 ● 担任・級友の存在 ● 音楽室への移動 ● 担任の指示や板書

望ましい行動

- 離席しないで学習に取り組む
- 級友と並んで移動する
- 連絡帳に宿題を記入する

問題行動

- 離席する
- 音楽室への移動に遅れる
- 連絡帳に宿題を記入しない

代替行動

- やるべきことを質問する
- 授業に関する発言をする
- 教示要求行動を示す

結果条件

- 担任からの称賛
- 級友からの称賛
- 保護者・ATからの称賛
- 授業の最初から参加できる

- 困難な状況から逃れられる（授業に参加しなくてすむ、宿題をやらなくてすむ）
- 担任・級友とかかわれる

先行条件への方略

状況要因	直前のきっかけ
● 日課をマグネットシートで示す ● 具体的な教示を与える ● キーワードを板書する ● 個別に笛の運指の指導をする	● 5分ごとに注目する

行動への方略

- 説明などで理解できなかった場合に質問することを学習させる
- 発言回数を増やす
- 教示要求行動を学習させる
- タグシールに宿題を記入して渡す

結果条件への方略

- 望ましい行動に対して担任・級友・保護者・ATが称賛する
- 問題行動に対しては直接的な対応をしない
- 危険な行動や級友への学習妨害に対しては簡潔に注意する
- 質問・発言・教示要求行動に即座に応答する
- タグシールをはったときには称賛する

図6-2 機能的アセスメントに基づいた支援

記入されたタグシールをEに渡し，Eが宿題カードのシール欄にそれをはることにした（以下，宿題カードと略す）。④結果条件への方略：宿題カードについては，毎週月曜日の放課後にATが1週間分を確認し，宿題の取り組み状況に応じてシールをEに渡した（その日の宿題の提出が確認されるごとにシールが1枚与えられた）。さらに，Eおよび保護者と相談をし，シールが5枚たまると，保護者に褒美として怪獣のキャラクターカードを買ってもらえるようにした。なお，支援の実施にあたっては，担任の実行条件を考慮した。

3 結果

(1) クラスワイドな支援

6月からできたかなカードを導入したところ，Eが離席をしてもEに追随する児童がまったくみられなくなった。また，時間の経過とともに，各標的行動の学級全体の達成率が上昇した。一方，Eは，数字の記入がやや雑であったり，評価を甘くつけたりするときがあったが，できたかなカードの記入に毎日取り組み，これが習慣化した。しかし，離席や標的行動の1つであった宿題の提出に関しては改善がみられなかった。

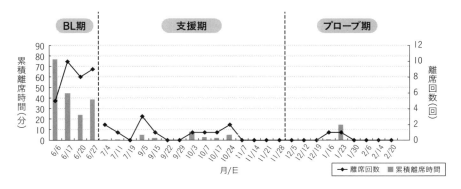

図6-3　3校時間における離席回数と累積離席時間

（2）Ｅへの個別支援

1）離席：3校時間におけるＥの離席回数および累積離席時間を図6-3に示した。ベースライン期（支援や強化を一切行わない時期；以下，ＢＬ期と略す）には，135分間中（45分間×3校時）平均8回，46分間の離席がみられた。しかし，7月から支援期とし，意図的注目等を導入すると離席回数・累積離席時間ともに大幅に減少し，11月からは離席がみられなくなった。そこで，12月からはプローブ期（ＢＬ期と同様，支援や強化を一切行わない時期）とし，指示や活動内容の理解を促すために意図的注目等を中止したが，離席はほとんどみられなかった。

2）移動の遅れ：Ｅが音楽室への移動を開始するまでに要した時間を図6-4に示した。ＢＬ期には5～10分間の遅れがみられた。しかし，10月中旬から支援期に入り，笛の個別支援等を導入すると，遅れた時間が徐々に短縮されていき，11月以降は遅れないで授業に参加できるようになった。そこで，12月からはプローブ期とし，笛の個別支援等を終了したが，遅れないで授業に参加することはその後も維持された。なお，プローブ期に，音楽専科の教師から，授業に遅れなくなってからは積極性がみられるようになった，という報告があった。

3）宿題の拒否：Ｅの週ごとの宿題の提出率を図6-5に示した。なお，図中の9-1は9月の第1週を表している。ＢＬ期では，7週中5週において宿題の提出率

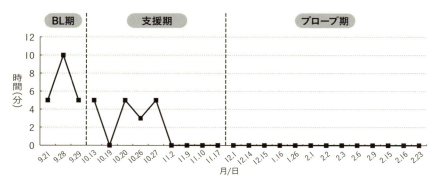

図6-4　音楽室への移動を開始するまでに要した時間

が0％であった。しかし，宿題カードを導入した支援期に入ると，1週目から提出率が100％に上昇し，支援期全体の平均提出率も83.1％に達した。ただし，3週目の提出率は0％であった。Eはその理由を，「10月末に漢字ワークの残り全部という宿題が出たが，残りがあまりにも大量であったためあきらめた。また，他の日も授業時間内で終わらなかった課題が宿題となったためやらなかった」と説明していた。1月中旬にEから担任に，宿題は自分で書くという申し出があり，宿題カードのシール欄に自分で宿題を書くようになった。2月に入ると宿題カードではなく，連絡帳に宿題を記入するようになったため，これ以降をプローブ期としたが，提出率100％を維持することができた。

4 考察

（1）クラスワイドな支援

できたかなカードを導入し，AT・担任・保護者からその結果に対して称賛を得られるようにしたところ，Eに追随する児童がまったくみられなくなった。すなわち，離席の防止を標的行動としなかったが，できたかなカードの導入によって彼らが日常的に強化を受けられるようになった結果，彼らの注目要求が充足され，離席がみられなくなったと考えられる。これらのことから，クラスワイドな支援を行うことによって，注目要求の機能をもつ問題行動の生起を予

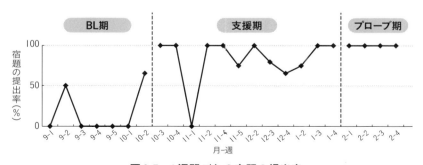

図6-5　1週間ごとの宿題の提出率

防できる可能性が示唆される。また，クラスワイドな支援は学級の全児童を対象としたため，学級内に問題行動を示す（可能性のある）児童が複数名いた場合でも同時に支援を行うことが可能であった。このことから，クラスワイドな支援は担任の負担を軽減できる点で，効率的な支援方法であると考えられる。

一方，Eは標的行動の一つであった宿題の提出に関しては向上がみられず，また離席，移動の遅れにも改善がみられなかった。すなわち，クラスワイドな支援を行うことによって，結果的にEのように個別支援を必要とする児童をスクリーニングすることも可能になるといえよう。

（2）Eへの個別支援

1）**離席**：離席は注目要求の機能が推定されたことから，特に意図的注目が有効であったと考えられる。すなわち，机間指導の際に質問がないか尋ねたり，全体説明の場面でEの教科書の当該箇所を指差したりすることを5分ごとに意図的に行ったことによって，Eの注目要求が満たされたと考えられる。

2）**移動の遅れ**：笛の個別支援を導入すると移動を開始するまでに要した時間が徐々に短縮されていき，11月以降は遅れないで授業に参加できるようになった。さらにプローブ期に入っても遅れないで授業に参加することは維持された。これらのことから，移動の遅れには笛の個別支援が有効であったといえる。

3）**宿題の拒否**：宿題カードを導入すると，1週目から提出率が100%に上昇し，支援期全体の平均提出率も80%を上回った。また，プローブ期でも提出率100%を維持することができた。これらのことから，宿題の拒否に対して宿題カードの使用は有効であったといえる。

（3）クラスワイドな支援から個別支援へ

クローン（Crone, D.A.）とホーナー（Horner, R.H.）（2003）は，個人に対する行動支援が機能するためには，学級全体に対するマネジメントが機能していることが前提条件となることを指摘している。本事例においても，Eに対する個別支援が機能したのは，できたかなカードを導入したことによって，学級全体に対するマネジメントが機能していたからであると考えられる。

付記

本研究を公表するにあたり E の保護者および学校長の承諾を得ています。

【文献】

Crone, D. A. & Horner, R.H. (2003) Building pcsitive behavior support systems in schools: functional behavioral assessment. Guilford Press, New York.

Durand, V.M. (1990) Functional communication training:An intervention program for severe behavior problems. Guilford Press, New York.

興津富成・関戸英紀（2007）通常学級での授業参加に困難を示す児童への機能的アセスメントに基づいた支援．特殊教育学研究，44，315-325．

第7章

発達障害児童の通級指導教室での個別指導
―― ディスクリート試行指導

宮﨑　眞

1 はじめに

　発達障害の児童は何らかの学習困難を抱えていることが多い。様々な学習の基礎となる「聞く・話す・読む・書く」のどこかにつまづきを抱えていることが背景にある。このまま放置しておくと，一斉授業に参加しても分からないまま，本来学習できることができないまま時間が過ぎていく。そんな状態の児童を前に担任の先生や保護者は，「あれもできないこれもできない。どこから手をつけていいのか」という風に途方に暮れてしまう。

　通常学級の基本的な指導形態は学級をはじめとする集団での一斉授業であろう。この授業形態において指導者の指示や発問を聞き分け期待される行動や応答をすることができれば，指導者と児童との"キャッチボール"がうまくできて，児童は効率よく知識技能を習得し場に応じた態度を身につけていくはずである。しかし，通常学級において「授業に参加できない・学習についていけない（77.2％）」（全国連合小学校長会特別支援教育委員会，2011）という調査結果がある。発達障害の児童の中には，一斉授業において指導者の指示や発問を正しく聞き取れず，その結果，的確に行動や応答がとれない児童がいる。このような体験を繰り返すと授業を嫌いになったり回避したりするようになる。その結果，学業の遅滞が生じる。この学業の遅滞が更に学習意欲を損なうという悪循環に陥ってしまう。

　この問題を解決するため一斉授業の改善が求められると同時に通級指導教室で個別指導を行うのも効果的な方策である。一人ひとりの児童の実態に合った個別の指導計画を作成し，個別指導を進める。この時，ここで解説する個別指導の進め方が自立活動や教科の補充に役立つ（文部科学省，2009）。

なお，ここで述べる個別指導は一斉指導の中で個別に対応する場合にも役に立つ。一斉指導と個別指導はお互いに補い合うものである。集団の中においても個別指導は役に立つのである。

すでに個別指導を行っている学校も多いことだろう。この場合ここで解説する応用行動分析学のディスクリート試行指導（Discrete Trial Training）は現在行っている個別指導を振り返る機会を与えてくれるだろう（Duker, Didden, & Sigafoos, 2004; Boer, 2007; 山本・池田, 2005, 2007）。

2　個別指導（ディスクリート試行指導）とは

ディスクリート試行指導は，（A）指導者が問題や指示を出し，（B）児童が応答し，（C）指導者がその応答を強化・フィードバックする，を基本的な単位にした指導である（図7-1参照）。

そのため，このA－B－Cのまとまりを指導の単位とし，第1試行，第2試行…と数えることができる。指導の流れを第1試行，第2試行，第3試行と区切り，数えることができることから不連続・離散的（ディスクリート）試行指導と名付けられた。なお，以下ディスクリート試行指導に代えて広く使われている個別指導という名称を使う。

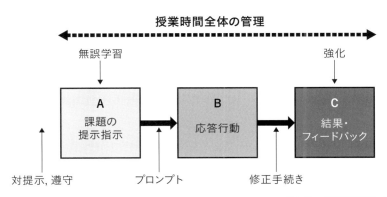

※de Boer（2007）の図を一部改変し掲載

図7-1　個別指導の3要素と指導学習環境の管理

指示や課題を与え（A）－児童が応答し（B）－応答を強化する（C）という基本的な単位を繰り返すことで，無理なく指導目標に近づくことができる。更に，次の学習目標に進むためには，学習課題を①基本的なスキルに分けスモールステップに配列し，1つ1つのスキルを順番に指導し，階段を上るように次のステップに進む。また，各試行の指導において児童が確実に応答できるように，②プロンプトとそのフェイディングを使い，③児童の応答を言語賞賛や花丸，シールなどで強化するといった配慮が求められる。

　応用行動分析学では，様々な行動を促進あるいは抑制する原因をA－B－Cの図式により分析する（図7-2）。

　図7-1と図7-2を見比べると，同じ構造をしていることに気づくだろう。個別指導をこの三項随伴性の図式から捉えることができる。先行刺激は課題の提示・指示，行動は児童の指示に応じた応答や行動，結果は指導者からの強化・フィードバックである。個別指導に関係する先行刺激（A），行動（B）および結果（C）に関する有用な知見の一部を次節で紹介する。

3 （A）（B）（C）各要素の配慮と環境整備

　個別指導の流れを前述の図7-1に示した。指導は，（A）指導者が児童に課題や指示を提供し，（B）児童がそれに答え，（C）指導者がその児童の応答に強化やフィードバックを与える，A→B→Cの順に進む。この指導学習の流れを対象の児童に合った環境に整備する。そこで，（1）指導学習前および全体，（2）学習課題の提示・指示（A），（3）適切な行動と応答（B），（4）指導者の強化・フィードバック（C）に分け，留意点や環境整備について述べる。

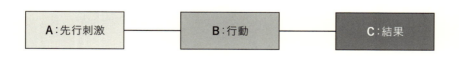

図7-2　三項随伴性

（1）指導学習前および全体

1）指導学習が始まる前に，指導者は児童とプラスの関係を作ることが必要である。そのために指導者は児童が好きな活動や興味のあること，得意なことを話題にしたり取り上げたりして一緒に体験する（pairing，以下対提示と表記する）。この対提示が児童と指導者との良好な関係の基礎となる。この対提示により指導者をプラスの存在に変えることができる。プラスのイメージを帯びるようになると指導者の励まし，賞賛や笑顔は以前にも増して大きな強化の力を得るようになる。逆に，指導者が児童の嫌いなこと苦手なことと繰り返し対提示されると，指導者の存在がマイナスのイメージを帯び個別指導の妨げになる。

2）指導学習活動を円滑に進めるためには指導者からの指示や課題に応じ取り組む遵守（コンプライアンス）の態度が必要である。最初から応答できない難しい課題を続けたら指導者を見ただけで身構え逃避するだろう。最初は正答できる問題や負担の少ない指示を出し，指導者の指示に応じる行動を繰り返し強化する。そのようにして，徐々に遵守する姿勢を育てる。その後，次第に難しい課題を少しずつ取り入れていくようにする。

3）授業時間全体の管理として，円滑に指導学習が進むように課題の量や内容を設定する。その授業の最後の試行は正答で終了するのが好ましい。

（2）学習課題の提示や指示（A　先行刺激）

1）指導者から提示された課題や指示の内容を児童が確実に理解できるよう，明確な指示，明瞭な文章，簡潔な言葉づかいなどに配慮する。例えば，指導者の発する指示が複数の内容を含み児童が1つのことしか聞き取れなかったり，関係のない内容が多いため児童が関係ないことに注目して，肝心な事柄を聞き漏らすことのないようにする。

2）プリントなどの課題の提示や言葉の指示は一貫させる。特に児童がその課題に取りかかり始めた当初は重要である。児童がその課題を習得したら，指示のし方などに変化をつけて，普段の教室環境に近づけていく。また，課題の提示や言葉の指示は，児童が注意を向けているときや意欲的なときに与える。そ

の際に必ずしも児童が指導者に視線を向けることを強いない。児童の中には視線を合わせることを強いると課題から逃避するきっかけになる。

3）その他，児童が聞きそびれたり注意がそれているなら一度だけ指示を繰り返し，できるだけ指導者からの指示は一回にとどめる。何度も繰り返すと，児童は自分の気が向くときにだけ指導者の指示に従うようになるかも知れない。同様に，指示のたびに児童の名前を呼ぶと，名前を呼ぶ効果が希薄になる。

4）知らず知らずの間に一部の児童は，度重なる学習の失敗から新しい学習課題に取り組むのを躊躇したり回避したりするようになる。このような状態から学習に前向きに取り組む姿勢に変えるため，学習時の失敗や誤答を最小限にするのが無誤学習（errorless learning）である。指導学習における児童の誤答を最小限にしながら，指導を進めるやり方である。発達障害のある児童や不登校などのために学校の学習から取り残された子どもの場合，新たな学習課題に取り組むための前提となる知識や技能が未学習であったり，動機づけが低かったりする。このような場合，児童の実態や達成度に合わせ課題を細かいステップに分け，漸進的に前に指導学習を進めることで，学習上の失敗経験を限りなく減少させることができる。

（3）適切な行動と応答（B　行動）

児童が正しい答えや行動をしたときに，賞賛するとその児童はより積極的に学習に取り組むようになる。逆に，誤った答えや行動をとる恐れのある課題を頻繁に与えると，課題を回避したり感情的に反抗したりするようになる。その児童の力にあった課題を設定する。更に，児童の行動や応答を強化するために，次のことに留意する。

1）複数の指導者が指導を担当する場合，指導目標と達成基準を具体的に決め共有する。

2）指導者は，関係ない反応や応答を強化しないようにする。例えば，断り方や誘い方等の社会的スキルを指導しているとしよう。指導者が「あなたなら，どうしますか？どのように振る舞いますか？」と質問し，児童が思いついたことを，矢継ぎ早に口に出して答えたとしよう。その時に「その通りだね」と言って最後の言動を強化したつもりだったが，矢継ぎ早に思いついたことを言う間

違った振る舞い方を強化しているかも知れない。

　3）児童が発問や課題に答えるためにおおよそ1秒から7秒，課題によっては更に長く待つ。児童は課題・指示に応答するため考えたり思い出したりする時間が必要である。特に，新しい難しい課題では答えるまでに時間がかかるが，繰り返し練習すると次第に流ちょうになり時間が短縮される。基本的な漢字，かけ算九九，挨拶など基本的な技能知識の場合，素早く流ちょうに応答できるまで練習を繰り返さなければならない。

　4）プロンプトは，児童が与えられた課題や指示に正しく応答できないときに，指導者が次のいずれかの支援を与え的確に行動し応答できるようにすることである。代表的なものは，言語プロンプト，指さしなどの身振りプロンプト，文字プロンプトや文章プロンプト，写真や描画といった視覚的プロンプト，モデリング，身体介助，ヒントなどである。一人では課題を達成できない児童に適切なプロンプトを与えることで，誤答を防ぎ正しい応答を導き，指導者から賞賛やシールなどの強化を得ることができる。賞賛などのよい結果を繰り返し受けると，学習に積極的に取り組むという好循環が始まる。学習の当初は積極的に児童に合ったプロンプトを活用し，学習の達成感を体験させる。

　子どもの学習の進み具合に応じてプロンプトを速やかにフェイディングする。フェイディングは児童の習熟に合わせてプロンプトの強さや量を漸進的に減少させることである。例えば，ある漢字が読めない子どもに，指導者が「〇〇」と読み上げ（全モデル提示），児童は指導者のモデルを反復して言う。その児童が次第に覚えてきたら，全部をモデル提示しないでその漢字の最初の1音を言ってあげる。このように，プロンプトの量を減らすことがフェイディングである。最終的にはプロンプトがなくても，指導者の課題の提示・指示に正しく応答するまで見届ける必要がある。

　5）知的障害特別支援教育で指示待ちということばがある。指導者からの指示がないと，行動をとろうとしないでじっとしている状態を指している。これは，プロンプト（援助やヒント）へ依存する姿勢とも言える。このような姿勢を予防するために，プロンプトは必要最小限にとどめ，できるだけ早くフェイディングし，自発的な行動を促す。

（4）指導者の強化・フィードバック（C　結果）

　1）児童が指導者の発問や課題の提示に応答したり適切な行動をとったら，その応答や行動を即時に強化する。児童が学習課題に取り組み答えを返したことに，賞賛などの強化を与えることにより，更に学習に取り組むようになる。

　2）児童は課題提示や質問に対して正しく応答するだけでなく，当然誤った応答をする。誤った応答をしたときに，どのような手順で正反応を再学習させるのか，予め決めておく。そのことを修正手続き（correction procedure）という。

　発達障害児の中には誤って応答したときに指導者がその誤りを見過ごすと，その誤ったやり方を身につけてしまい，その後の日常生活の中で正しいやり方を自分の力だけで覚えることができない児童がいる。

　修正手続きは次の5つのステップにより進める。

　①再びその課題を提示したり指示する。児童が正しく答えたら，強化し次の課題に進む。もし誤答したら，②に進む。

　②もう一度その課題を提示し指示する。児童が正しく応答したら，強化し次の課題に進む。誤答の場合には，正答に必要なプロンプトを与え正答に導く。このプロンプトでも正答にならない場合は別のプロンプトに代える。プロンプトにより正答したら，次第にそのプロンプトをフェイディングする。

　③プロンプトをフェイディングしたら，指導者はその課題をプロンプトなしで提示したり指示する。正しく応答できたら，普段より多めに強化し，次に進む。誤答のときは，②に戻る。

　④次に，別課題を実施する。これは児童が容易に一人で対応できる習得済みの課題とする。児童が的確に応答したら，強化をする。

　⑤もう一度，最初の課題に戻り，応答を求め，正しく応答できることを確認する。もし，正反応なら，ここで修正手続きは終了し，普段の指導の流れに戻る。

4 指導例

　いままで個別指導の原理を紹介してきたが，ここで仮想ではあるが，音読や内容の読み取りが苦手な児童の指導を紹介する。

　児童の実態として，知的な発達はおおむね同学年のレベルである。上手に話すことはできないが，学級活動で友だちに質問したり発表したりする意欲がある。音読について苦手意識があり避けようとする。音読では拾い読みができるが，文章の内容や作中の人物の気持ちなどを読み取ることが難しい。

　生活面では遅れがうかがえる。自分の思いを相手にうまく伝えられず，泣いたりけんかになったりするので，自分の気持ちを相手に伝える言い方を指導している。幾つかの指示を同時に出しても行動できないので，指示は1つずつ与えている。

　このような実態から，通級指導教室では，単語や文を逐次読みするレベルから文をいくつかの意味のまとまりごとに分けて読むことができるようにすることを指導目標とした。一般的には，逐次読みから流ちょうな読みになると，内容の理解が促されると言われている。そのため，流ちょうに文を読むことを目安とした。

　具体的な指導としては，3枚の文章カードと文章の内容を表す絵カードを用意する。児童の前に絵カード3枚を横に並べる。指導者は1枚文章カードを児童に渡し「読んで下さい」と指示する（A）。児童は文章カードを読む（B）。教師は「よくできたね」と賞賛する（C）。続けて，指導者が「同じ絵カードはどれかな？」と質問する（A）。児童は3枚の絵カードから内容が合致する絵カードを選ぶ（B）。指導者は「そうだね。よくできたね」と賞賛する（C）。

　このA－B－Cを繰り返す内に次第に児童は流ちょうに読み，即座に絵カードを選べるようになった。この3枚の読みと内容理解が進んだので，次に別の3枚一組の文章カードと絵カードで同じように指導を行った。そして，次の3枚一組の文章と絵カードのセットに進む。ある程度の文章カードと絵カードセットまで指導を繰り返しこの指導を終了することも考えられるが，内容の理解を深めるために，絵カードを選んだ後に，指導者がいつ・どこで・何を・誰としていたのか質問し（A），児童が応答し（B），指導者が賞賛する（C）。このよ

うなオプションを加え，内容理解を促進することも考えられる。

　個別指導により，一度に1つの目標について学習をすることで，学習自体が分かりやすくなる。その結果，成功体験や達成感を持つことができ，学習に対する意欲を育てることができる。

5 まとめ

　個別指導は，発達障害の児童に自立活動や教科の補充のための指導を行うための強力な手立てとなる。ディスクリート試行指導は体系的な個別指導の方法である。

　個別指導は，指導者からの課題提示・指示（A）→児童の応答・行動（B）→指導者からの強化・フィードバック（C）を基本的な単位とし，このABCは機能的には三項随伴性の関係にある。従って，プロンプトとフェイディング，強化などのような応用行動分析学が蓄積した指導支援の知識と技術を参照することで，更に効果的な指導を行うことができる。

【文献】

文部科学省（2009）特別支援学校学習指導要領解説　自立活動編．
全国連合小学校長会特別支援教育委員会（2011）自立を促し社会の一員としての資質を育てる特別支援教育の推進－特別支援教育推進状況の把握と学校経営上の課題－．http://www.mext.go.jp/b_menu/shingi/chukyo/chukyo3/044/attach/1314089.htm　2016年3月31日閲覧．
山本淳一・池田聡子（2005）応用行動分析で特別支援教育が変わる－子どもへの指導方略を見つける方程式－．図書文化社．
山本淳一・池田聡子（2007）できる！をのばす　行動と学習の支援－応用行動分析によるポジティブ試行の特別支援教育－．日本標準．
吉田昌義・柘植雅義・河村久・吉川光子編著（2003）通常学級におけるLD・ADHD・高機能自閉症の指導－つまずきのある子の学習支援と学級経営－．東洋館出版社．
de Boer, S.R. (2007) How To Do Discrete Trial Training. PRO-ED Inc.
Duker P., Didden R., & Sigafoos J. (2004) One-to-One Training Instructional Procedures for Learners with Developmental Disabilities. PRO-ED Inc.

第8章

中学校における個別指導計画に基づく専門機関との連携支援

1 不登校に対する個別指導計画実施による再登校支援

大場　充・小野昌彦

1 中学校における不登校の現状

　2016（平成28）年発表の「児童生徒の問題行動等生徒指導上の諸問題に関する調査」によると，中学校における不登校生徒数は98,428人で全体の生徒数に占める割合は2.80％となっており，特に小学校6年生から中学校2年生にかけて増加が著しい。

　特に学ぶ意欲については，「不登校対応の最終的な目標である児童生徒の将来の社会的自立を目指す上で，対人関係に係る能力や集団における社会性の育成などの『社会への橋渡し』とともに，学びへの意欲や学ぶ習慣を含む生涯を通じた学びの基礎となる学力を育てることを意図する『学習支援』の視点が重要である。」（不登校に関する調査研究協力者会議，2015）と指摘されているとおり，どの県に転校しても学習する単元がかわらない中学校教育では，「学習についていく」ことが，自尊感情と深く結びついている。したがって，教育支援センターでも別室登校でも，行動アセスメントにおいては生活リズムの維持に次いで学習指導が重視されて個別指導を作成することが大切である。

2 個別指導計画での対応

(1) 個別支援計画の準備

　個別指導計画の作成にあたっては，生徒と保護者に対して登校支援の確認を行い，学校と家庭間で支援計画を策定する。その上で家庭と学校が契約をしたとして双方が署名して，意識喚起に努めた。その際，専門家の指導のもと，行動アセスメントを実施する。そして，家庭や学校での状況を把握してダイヤグラムで表示し，どの部分を補えばよいか視覚化するように努めていく。家庭的に支援が困難な場合は計画を策定しても，遂行が困難であり，スクールソーシャルワーカーや民生委員等の支援のもと，一定の登校刺激を与えていくことで取り組み，社会との接点を維持するよう働きかけ登校を促すこともある。

(2) 個別支援計画の策定

　策定にあたっては，生徒の学年や家庭環境等を考慮して策定していく。中学生の場合，ほとんどの生徒が上級学校へ進学するため，第一の目標は教室に入って授業を受けることができるようになること，第二に授業についていけるだけの基礎学力を定着させること，第三に将来を考えるとともにコミュニケーションスキルを身につけさせることであった。したがって学習と進路は平行して行うこととして計画していく。

(3) 個別支援計画の適用と検証

　多くのケースで，個別指導計画は効果的に実施された。中学校の場合，大多数の生徒が進学希望をもっているため，ほとんどのケースで着実に進行していく。しかし，どの生徒にもみられたこととして，学級への復帰＝友人の視線を意識することにつながり，抵抗感が少なからず存在した。また，学校そのものに抵抗感をもったケースでは，教育支援センターと連携して，生徒支援を行うことも不可欠であった。

表8-1　中学校における不登校数

年度	19	20	21	22	23
不登校者数（人）	16	23	14	9	3
新規不登校者数				1	1
前年度（前籍校）継続不登校				8	2
再登校数				6	1

3　進路指導，学習指導を個別に実施して再登校した事例

　第1著者が校長として勤務した中学校における不登校支援を報告する。表8-1に不登校数の推移を示す。平成22年度から校長として勤務し，2年間で全校不登校数を9人から3人とした。以下に2事例の個別支援の概要を述べる。

(1) 不登校をめぐる情報と行動アセスメント

　男子生徒（以下，Fと略す）で，相談対象となった時点は3年生の4月であった。両親と兄の4人暮らしで，兄も中学校時代は不登校で定時制高校へ進学したものの定着せず中退していた。父親は仕事が忙しく母親は兄弟に対してどう指導してよいか考えあぐねている状態であった。

　Fは，中学1年生の夏から不登校となり，自宅で引きこもった状態であった。ただし，近くのコンビニエンス・ストアに買い物へ行くことはでき，夜には自転車に乗って外出することもできた。Fの生活リズムは，午前9時起床，午前2時就寝となっていた。Fは，欠席する時は無断欠席で，体調不良時には医師の診察を受けていなかった。3年生への進級を機に，校長である第1著者が専門家（第2著者以下，Tと略す）に指導を依頼して保護者とFに登校復帰をもちかけ，指導計画を策定することとなった。Fの説明では，高等学校に進学したあとで中学校と同じように不登校状態を継続したくないこと，ほぼ2年間にわたって学習してこなかったため，進学しても授業についていくことができるか不安だったこと，そして将来もずっと家に引きこもることは嫌で，技術を身につけて働

きたいと思ったことが契機となったとのことであった。

以上のことからのFの不登校行動は，Fの学業不振，前任校長の不登校に対する消極的対応，保護者の曖昧な理由での欠席容認，問題放置が，不登校発現条件，Fの夜の外出が不登校維持条件と考えられた。

(2) 指導方針，指導内容と経過

Tの助言により，Fの再登校及び高校進学のために，進路指導（学校見学を含む），学習指導，生活リズム修正，校長室を活用した段階的登校，体調不良による欠席時の通院徹底を指導方針とした。

まず，TによってFの意志を尊重しスモールステップで年間計画を作成した。計画では卒業する3月には教室で学ぶことができるようになることを最終目標とした。そのために1〜2ヶ月ごとに段階をあげ，2学期半ばには教室に入ることができるように取り組むこととした。最初は他の生徒と会うことがないように，登校時間をずらし2時間の在校で下校させることで安心感を与えた。Tからの指導で，一度約束した計画は学校側も厳守し，たとえFの学習スピードがあがっても在校時間を伸ばすなど安易な変更はしなかった。学校も約束を守るので，生徒も約束を守ることを意識づけるためである。1学期はほぼ問題なく推移し，とくに国語と数学については1年生の学習内容をほぼ修得することができた。しかし，英語についてはFも苦手意識を最後までもっており，文法はとくに苦手であった。2学期になってもFの登校リズムと学習意欲は上昇していったが，その間，数回の遅刻や欠席もあり指導は欠かせなかった。欠席する際には必ず保護者から連絡し，病気であれば必ず医療にかかること，気持ちがのらないことを理由に欠席しないことを約束したが，保護者が早朝に外出するときなどで，目が覚めなかったときなどは約束を守ることができなかった。このときは遅くなってもよいからFが登校して理由を述べさせて反省したうえで指導を行った。最も厳しいときは，いよいよ教室に入る時期が近づいた頃であった。全生徒が下校した時を見計らい，無人の教室で自席に座ることについてFは抵抗感がなかった。次の段階として授業を1時間だけ受けることになり，Fは，既に授業が始まり教室内の生徒が着席している時点で教室最後部にある自席に座って授業を受けることができた。Fの話では級友が自分を見ないことが

わかっていたので，着席することができたとのことであった。しかし，10月になり，始業時にFも着席しているという段階でFは抵抗感を示して無断で学校を休み，連絡も拒否した。学校はTと協議した上で再度計画の見直しを行うとともに，再度保護者とFの履行の意志を確認した。級友から教室に入ることを誘わせたが，その際のFの表情は硬く，関係性がまだ構築されていないことを伺わせた。むしろFに対して将来を意識させて，そのための努力が，自らの意志で授業を受けることであることを理解させることとした。

また，多忙な保護者にかわって教員がFの進学先の高等学校見学に随行し，Fの意向をくみ取りながら学校選択と悩みの克服のための相談役を担った。数校見学した中で，Fが選択した学校は農業高校の定時制課程であった。理由を尋ねたところ，栽培のように体験的な学習をしたいこと，資格も取れ（小型建設機械運転等の資格），年配者も学んでいて緊張感をあまり感じないこと等をあげ，他の不登校生徒を対象にした高等学校よりも自分にあっていると断言した。進路希望が決まってからは学習，とくに数学に意欲をもち，基礎的な学習を反復するようになり，冬には教室内で学習を受けることができるようになった。高校入試を突破して無事合格し入学したのち，1年後Fから自主的に報告があった。Fは自信をもって学校を継続しており，家計を補助するためにアルバイトをしているとのことであった。

4 部活動参加，苦手科目の個別学習指導によって再登校，登校維持した事例

(1) 不登校をめぐる情報と行動アセスメント

女子生徒（以下，Gとする）で，中学1年末に不登校となり2年2学期に再度不登校となった。両親と兄の4人暮らしで，小学校卒業時の就学相談時に複数の学校の選択肢を示されたが，保護者はさまざまなタイプの友達と一緒に学ぶことが成長に寄与すると考え，公立中学校に進学した。言葉で表現することがやや苦手な面をもっていた。

1年時には学習に多少のつまずきがあったものの大きな遅れもなく取り組む

ことができていた。しかし，2年生になると同級生と言葉の行き違いによるトラブルがあり，約3週間登校出来なかった。しかし，所属していた部活動の仲間からの誘いもあって教室に復帰することができた。また，数学の学習で，2年の後半で学ぶ「関数」が全く理解出来ない様子であり，授業時間を耐えている様子がうかがえるとの報告があるなど学習の遅れとそれに伴う自尊感情に懸念が生じて，保護者と学校との間で相談が複数回もたれた。

以上のことからGの不登校行動は，Gの学業不振，対人関係の不調が不登校発現条件であった。Gの場合，家庭滞在条件が脆弱であり，中学校の学習場面以外の部活動等のプラスの場面があったことから，学校の学習場面での嫌悪性が低い時には登校が可能になったと考えられる。しかしながら，Gの登校継続の為には，苦手教科，未学習教科の学習指導が必要であると考えられた。

(2) 指導方針，指導内容と経過

Gに対する指導の基本方針は，登校維持条件であるGの好きな部活動参加を維持させながら，苦手な授業参加のための学習指導を実施して登校維持条件を増加させることであった。

指導計画遂行中，Gは運動が好きで，所属していた部活動は休むことなく続けていたが，授業に出席せずに部活動だけ出席することがあったとき，教員間で指導方針を協議し，部活動だけに出席するのではなく必ず1時間でも授業に参加するようGと約束した。部活動の指導者もGの努力を認め，練習試合に出場させるなど配慮して意欲の喚起に努めた。また，2年生から3年生にかけては，英語や数学等の教科学習でも理解が難しくなり，次第に取り組むことができる教科が減っていることが報告された。教員による補習も継続していたが，Gの相談役となるキーパーソンは，近くにある公民館の指導員たちであった。部活動終了後に，公民館でさらにスポーツをやり，その後，指導員から基礎的な学習補助を受けることがGの日課となった。好きなことをやるためにも，基礎基本を学び，困難であってもやり遂げることの大切さと人間関係の必要性を理解することが，Gの生活スタイルの向上に効果的であった。その結果，3年生となってからほとんど欠席をしなくなった。6月の部活動引退後は，合唱祭や学習発表会，体育祭などの学校行事を定期的な目標として学級内での位置を確保

しながら，学習の基礎基本の定着をめざした。また，交友関係も部活動の仲間を中心に，励ましながらサポートすることで登校継続できるようになった。上級学校進学後も公民館でのスポーツに取り組み，後輩や小学生の面倒をみるなど意識にも幅の広がりを見られた。

5 考察と今後の方向性

2事例ともに校長である第1著者に情報を集中し，専門家であるTと協力して適切な行動アセスメントを実施した。そして，不登校の発現・維持条件を明らかにして，その条件を学校内の指導，学外資源との連携により解消し，対象事例の登校維持条件を確立したことが再登校及び登校維持に効果的であった。

そして，今回紹介した事例では実施できなかった客観的評価によるPDCAの遂行により，さらに効果的な指導が実施できると考える。

付記
事例を公表するにあたり，F，Gの保護者の承認を得ています。

【引用・参考文献】

不登校に関する調査研究協力者会議（2015）不登校児童生徒への支援に関する中間報告～一人一人の多様な課題に対応した切れ目のない組織的な支援の推進～．文部科学省．

2 専門支援機関,弁護士との連携による東大和市の新規不登校中学生半減

小野昌彦・津久井進

1 不登校問題と学校教育法施行令

　学校現場における法令遵守に関する市町村教育委員会の消極性,脆弱性は,特にいじめ問題において指摘されている。例えば,坂田（2013）は,いじめをしている児童・生徒に対する「性行不良に基づく出席停止措置」（学校教育法35条1項）は,文部科学省の調査（平成23年度の児童生徒の問題行動等生徒指導上の諸問題に関する調査）によれば,全国の公立学校で2011（平成23）年度中に発動された性行不良に基づく出席停止措置は,わずかに18件に過ぎないとし,この中にいじめを理由とする発動は1件もないことから,本法令の発動に関する校長,市町村教育委員会の極めて消極的な姿勢が見て取れるとしている。
　不登校問題においても,学校の欠席対応に関連する学校教育施行令の遵守がなされていないことが指摘されている（小野,2014）。これはコンプライアンスの観点からの法的問題であるだけでなく,いじめ被害を受けた側の人権擁護の観点からも重大な問題である。法令が存在するものの,ほぼ死文化している現状は,教育法令の実効性を確保するシステムの必要性を示唆している。学校現場においては,校長,教育委員会が教育法令を遵守しているかどうかを管理監督する機関,または状況に応じた教育法令の適用を助言する役割を持つ学内外の機関の設置が検討されるべきである。現状における有効な対応法の一つとして,教育現場にかかわっている行動分析,行動療法の専門家が弁護士と連携し,助言等を仰いでコンプライアンスサポートを実施することが考えられる。そこで,本稿においては,小野（2014）が報告した東京都東大和市の新規不登校半減の専門家（第1著者,大学教員,専門行動療法士）と弁護士（第2著者）の学

校外部の専門機関連携を紹介する。

2 学校教育法施行令遵守による東大和市における新規中学生不登校半減

(1) 対象地域の状況とスーパーバイザー就任経緯

　市単位での不登校減少対策の対象市であった東大和市（東京都）は，大都市近郊のベットタウンとして発展してきた新興住宅地域と農村部とが混在している人口約8万人の市であった。東大和市の公立小学校及び中学校数は，小学校10校，中学校5校の合計15校であった。東大和市の不登校児童生徒の発現率は，2006（平成18）年度は，中学校で4.45％，小学校で0.51％であった。2007（平成19）年度は，中学校で4.74％，小学校で0.62％であった。これは，東京都における2007（平成19）年度の不登校発現率の平均，中学校3.23％，小学校0.34％を大きく上回っていた。

　これらの状況から，東大和市教育委員会は不登校問題を最重点課題として不登校減少プロジェクトを実施することになった。そこで，2008（平成20）年夏に東大和市教育委員会統括指導主事から第1著者（以下，Tと略す）に市単位で不登校数を減少させるための対策助言の依頼があった。Tは，この依頼を受諾し，2009（平成21）年度から東大和市教育委員会における不登校対策研究協力校のスーパーバイザーとして不登校減少対策を教育委員会，教員に立案，実施支援をすることとなった。

(2) 行動アセスメント

　中学校長から提出された不登校典型事例の情報をTが小野（2010）のアセスメントのポイントから分析した東大和市の不登校発現メカニズムを以下に示す。子どもが，登校の朝「いきたくない」と訴えた。それに対して，保護者が，子どもの欠席理由をよく確認せずに学校に欠席連絡をしたり，欠席させて欠席理由に対処しなかったりといった対応をした。この保護者の学校への不明確な理由の欠席電話連絡に対して，中学校の欠席電話連絡担当，学級担任，副校長が受

容的対応を実施した。この繰り返しで，子どもが授業不参加の為，学習困難が強まり学校場面における不快場面が増加した。そして，子どもが休みがちになることに対して，子どもの日中の世話を焼く人を配置するなどの家庭維持条件が出現して継続不登校状態となった。子どもは，家に閉じこもり，コンピュータゲーム等好みの活動を行っていた。このような子どもの欠席状態が7日間程度継続した時点，さらには7日間以上継続した時点でも校長，教育委員会が学校教育法施行令に規定された義務の遂行を実施しないことによって，不当な欠席理由の場合であっても，校長判断の伝達，対処及び指導ができないため，不登校の発現及び維持となった。

以上，東大和市の中学生不登校は，中学校教員が学校教育法施行令第20条，第21条不遵守及びこれらの法令に規定された義務を遂行する為の欠席受付を実施していないことにより，不当な理由の欠席継続による怠学的な不登校が東大和市の中学校において誘発されやすい状況となっていると考えられた。

（3）支援仮説と支援対策

前述の行動アセスメントの結果から，学校教育法施行令第20条，第21条に規定された義務を遂行する為，教員が保護者からの欠席電話対応を変容し，ある生徒の欠席日数年間累積7日以上経過時に校長が面接を実施することによって不登校誘発及び維持条件が変容し怠学的不登校発現パターンによる不登校は出現しないとの仮説を立てた。

そこで，東大和市の全5中学校に，この方針に則した次の手順を導入した。1）欠席電話受付手順：①欠席理由を毎回必ず確認する，②病気（医師が診断したもの）や家庭の事情（忌引きなど）等，法的に認められた理由の場合のみ欠席を認める，③法的に認められた欠席理由（不安障害等による正当な理由による不登校，病気，忌引き等）以外の理由である場合には，登校する（保健室や別室登校を含む）ように保護者に伝える，④病気が理由の場合，子どもを病院に連れて行っていなければ，病院へ連れて行くように保護者に伝える，⑤病気が理由の場合，体温測定や医師の診断結果を保護者に確認する，⑥病気で休んだ日には，医師の治療を受け，医師の指示通り安静に過ごしていたかを確認する。2）校長の欠席早期面接手順：①年間累積欠席日数が7日に達した児童・生徒

に対して，校長・保護者・本人による面談を実施する，②校長は保護者に欠席の理由を聞き，正当（不安障害等による正当な理由による不登校，病気，忌引き等）か，不当かを判断する，③校長は，不安障害，いじめ等の正当な事由による不登校であると判断した場合には，個別支援計画の作成を指示し，その遂行を管理・監督する，④校長は欠席の理由が不当だと判断した場合には，保護者にそのことを伝え出席させるように指導する。また，教育委員会に通知する。

（4）支援方法に関する弁護士による法的検討

　スーパーバイザーであるTから弁護士である第2著者へ前述の対策の法的視点からの検討を依頼した。弁護士は，関係諸法令を検討した上で，法令遵守と人権擁護を基軸にして「児童・生徒の欠席日数毎の対応については，大変実践的で効果が高いマニュアルであると思われる。学校教育法施行令の趣旨の徹底が重要である。欠席初期段階の管理職と学級担任の対応が極めて重要と思われ，したがって，現場での学校教育法施行令第20条，21条の徹底理解が望まれる」と回答した。支援対策の法的妥当性が保障されたことをTが東大和市教育委員会に連絡したところ，統括指導主事から「これで安心して現場に広められます」との返事があった。

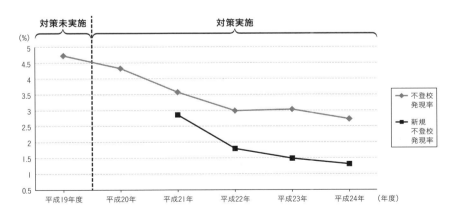

図8-1　東大和市全中学校における不登校発現率及び新規不登校発現率の推移（小野，2014）

（5）実施結果

図8-1に東大和市全中学校における不登校発現率及び新規不登校発現率の推移を示す。対策実施の結果，中学校の新規不登校発現率は，2.87％から1.3％，新規不登校数は59人から28人となり，新規不登校発現率55％減，新規不登校数53％減となった。また，対策開始前の2007（平成19）年度は，不登校発現率4.74％で96人であった。また，中学校の不登校発現率も4.74％から2.75％，不登校数は，96人から59人となり，不登校発現率42％減，不登校数39％減となった。

（6）中学校教員の介入実施率

年度毎に介入手順に対応した質問項目毎の介入実施率（はいと回答した人数を全教員数で除したものに100をかけたもの）を実施回毎に示した（図8-2）。

介入実施率は，2011（平成23）年度までは年度内2回目の調査実施時には1回目と比較して低下していた。ところが，2012（平成24）年では，調査項目数の変更はあったが第1回目より，第2回目の実施率が上昇し，さらには全項目90％以上の実施率となっていた。さらに，介入実施率が他年度と比較して高く，

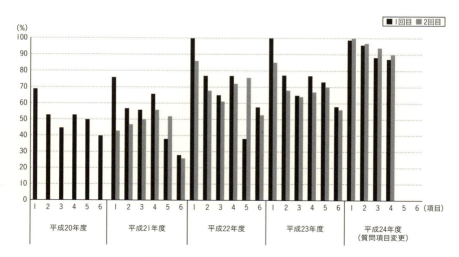

図8-2　東大和市全中学校教員の介入実施率の推移（小野，2014）

年度内で上昇している2012（平成24）年において，新規不登校発現率が介入実施期間中最低であった。

3 考察——弁護士との連携によるコンプライアンスの促進

　行動アセスメントの結果から，東大和市の中学生不登校においては，学校教育法施行令第20条，第21条に規定された義務を遂行する為，教員が保護者からの欠席電話対応を変容し，ある生徒の欠席日数年間累積7日以上経過時に校長が面接を実施することによって不登校誘発及び維持条件が変容し怠学的不登校発現パターンによる不登校は出現しないとの仮説を立てた。そして，東大和市の全5中学校において，この方針に則した手順を実施し，新規不登校が減少したことにより，この支援仮説及び行動アセスメントが妥当であったことが示された。

　また，Tが弁護士による支援対策の法的視点からの検討を実施したこと，すなわち，外部機関同士の連携が，対策の法的安定性と現実的実効性を多面的に充実させる結果となり，教員の対策実施率の向上，すなわちコンプライアンス改善につながり効果的であったといえる。問題解決のための法令が整備されているにもかかわらず，現場で法令が正しく運用されずに解決できない問題の場合，弁護士の活用は特に有効であるといえよう。より円滑に連携を図るためには，普段から教員・保護者への法教育を実施したり，いじめ問題や不登校対応に弁護士介入の仕組みを整備しておくなど，法的リソースの活用を意識しておくことも重要である。

【引用文献】

小野昌彦（2010）不登校への行動論的包括支援アプローチの構築．風間書房．
小野昌彦（2014）学校教育法施行令を遵守した不登校認定導入による市単位の中学生不登校発現予防の効果－新規不登校発現率半減を達成した東大和市の例－．スクール・コンプライアンス研究．2, 71-80.
坂田仰（2013）第4章いじめの防止等に関する措置．坂田仰（編著），いじめ防止対策推進法全条文と解説．88-90, 学事出版．

第9章

定時制高等学校における不登校経験者に対する総合的支援

大場　充・小野昌彦

1 発達障害のある／ない不登校経験者の高等学校への進学

　近年，不登校経験をもつ生徒などを対象にして，都道府県教育委員会等が入学試験時に内申書を重視しない高等学校を設置している。これらの高等学校の多くは多部制の総合学科で定時制課程として設置されており，地域によって多少の違いがあるものの，生徒に興味関心をもたせて，進路意識を醸成することをねらった教育課程を編成している。そのシステムは主として生徒自らの意志で科目を選択するとともに，学校外の各種検定や資格取得，体験を単位に換算することを認めるなど，柔軟なものとなっていることが特徴である。在籍する不登校経験をもつ生徒の割合は学校によってまちまちであるが，在籍者の5〜8割の生徒がかつて不登校を経験した，または教育支援センター等に通うなどの経験をもっている学校が多い。入学選抜でも面接や小論文等を重視するだけでなく，学力考査をしない高等学校もあって，多様な生徒が入学し在籍していることが実態である。特別支援教育を必要とする生徒も少なからず在籍しており，心身障害手帳等をもつ生徒もいる。逆に，さまざまな事由から就学相談等を受けずに高等学校まで進学し，本人が困り感をもっている場合もある。したがってこれらの学校における学習，生活，進路などの指導の形態や教育相談等についても一様ではなく，実質的に個別対応となっているのが現状である。しかし，担当する教員は必ずしも個別指導ができるベテランばかりではなく，教員間の指導の共通性と信頼性を図るためにも，在籍する多くの生徒に対して個別指導計画を作成する必要が生じている。

2 個別指導計画での対応

(1) 個別支援計画の準備

　個別指導計画作成の前提として，不登校を経験した生徒が学校復帰のために努力してきたことを評価することが大切である。そのうえで高校からのリスタートのために，まず本人と保護者から思いや今までの経験，将来等について聞き取るとともに出身中学校との関係を確認し，高等学校として中学校との連携の重要性を説明する。とくに不登校を経験した生徒と保護者の場合，中学校との関係性がこじれている場合もあり丁寧な対応が必要であるが，中学校も含めて生徒が関わった公的機関等と連携していくことは不可欠である。また，障害がある生徒に対しては，高等学校においても個々の生徒の障害の状態等に応じた指導内容や指導方法の工夫を計画的，組織的に行うこと（平成21度高等学校学習指導要領）が示されており，各教科・科目等の選択，その取扱い等に配慮し，関係機関と連携して計画を個別に作成するものとされている。また，文部科学省は2013（平成25）年不登校の児童生徒に対する調査研究協力者会議において，個々の児童生徒ごとに不登校となったきっかけや不登校の継続理由を適切に把握し，その児童生徒に合った支援策を策定すること，児童生徒や保護者等と話し合い，必要に応じて関係機関によるアセスメントを行うことで，支援策を策定し，「児童生徒理解・教育支援シート」作成すると提言している。このシートは，当該校種だけでなく上級学校に進学してもその学びの経過を途切れることなく受け継ぎ系統的な指導や支援をすることがねらいである。

　図9-1（次頁）のシートは定時制高等学校で使用したものであるが，支援をしていく機関との連携によって，生徒だけでなく家庭環境を把握することが大切である。学校，教育支援センター，教育相談所といった教育機関，児童相談所や子ども家庭支援センターや市町村の福祉課といった福祉機関，そしてハローワークや若者サポート・ステーションといった労働機関等が中心である。ケースによっては民間ＮＰＯ関係者が関わっている場合もあり，地域の篤志家が実はキーマンであったケースもある。とくに不登校事例では，家庭環境の困難さから福祉が主導を担うケースも近年増加している。

年度(年 月作成)	
年 組	氏 名　　　　　　　　　　　　　　　　　　　性別( )
担任名	
保護者氏名 連絡先	住 所
相談者氏名 相談内容	子どもとの関係

問題状況　　　虐待□　　不登校□　　発達障害□　　非行□　　いじめ□　　精神疾患□
　　　　　　　家庭の経済的問題□　　家庭不和□　　親からの苦情□

気になること

中学校でのようす　○人間関係　○巧緻性・身体の動き　○コミュニケーション　○キーパーソン

本人の強み

背景・理由

将来への希望

家庭の要望

備　考

	関係機関名	連絡先
教　育		
福　祉		
医　療		

図9-1　個別支援シート

（2）個別支援計画の策定のポイント

　策定にあたっては，本人と保護者の意向を尊重しながら，興味関心のあるものを伸ばすよう科目設定や部活動参加を推奨していく。しかし，得意不得意に限定せず，国語，数学などの教科の基礎学力をつけることは，自尊感情の向上につながっていく。高校の学力診断ではTK式学習進度指導検査や基礎力診断テストなどを実施して，学力段階を見極め，必要に応じて基礎基本の補習を展開している。たとえば数学などは足し引き算からのスモールステップでつまずきを押さえている。小学校2年から登校できなくなったケースでは½という式を知識としてもっていても，式が意味する内容や活用方法がわからなかったり，「分数」という言葉自体を知らなかったりする場合もあった。これは分数の特性や活用方法も理解せずに学習を進めたため，解法の「作業」を行うだけで，応用が効かず教科の目的を達しているとは言えない。生徒によっては解法がわかっているが，プラスやマイナスなどの理解が十分ではなくケアレス・ミスを頻発するケースもあり，本人にきちんと説明しその都度注意を喚起することで理解が伸張する場合もあった。つまり義務教育で落ちてしまったことを，高等学校でも繰り返すことが「自らの力で克服した」意識をもつことにつながるのである。

　また，さまざまな障害によって，数学や漢字など特定の学習理解が困難なケースもある。単位制高等学校の場合，少人数指導が多いので基礎基本を重視し，進度をゆっくりとしたカリキュラム内容にしている学校もあり，チーム・ティーチングや取り出し指導で，「わかる」ことを重視したものとなっている。本人が希望した場合，補習をおこなうなど基礎的な学習を重視している学校もある。高校では，成長によって本人の困り感が目立つようになり，高校卒業後は上級学校進学も含め社会との接点が大きなテーマとなってくるため，ケースによってはWISC検査やWAIS検査の実施を保護者に勧めていくこともある。高校進学時同様，高校卒業後は本人・保護者にとって今までの考え方を転換していく契機でもある。課題を直視して，その補填を行うことが目的であること，偏りがある部分を理解することが，社会参画に有用であることを助言していく。

（3）個別支援計画の適用と検証

　指導計画はあくまでも中学校時代の学習内容や対人関係等に基づいて作成するため，とくにカリキュラムの自己裁量が広く，交友関係も拡散しやすい単位制高校では1年ごとに見直すことが必要となってくる。とくに，入学時はどの生徒も非常な意気込みをもっているため，7～8割程度の新入生は学校生活に順応し定着していく。しかし，新しい学校に馴染めないまま，別室登校や登校できない生徒がいることも事実である。単位制高校の場合，基本的に出席することが修得の前提となるため別室登校では単位修得に結びつかない。学校によっては個別指導を行う場合もあるが，多くの学校で認めている学校外での履修科目による単位修得をめざすことも有効である。とくに高等学校卒業認定試験は8教科・科目に合格することで上級学校進学の資格を取得できる。教室に入れない生徒でも各種検定試験に合格したり，高認合格したりすることで自信をもち，将来の向けての意識を向上させることで，教室復帰できるケースもある。

3 個別指導によって改善した事例

（1）対象

　男子生徒（以下，Hと略す）で国語と数学は，中学校1年生程度の学力をもっていた。保護者は協力的であり，学校に対する連絡も定期的にとれていた。Hの性格は内向的な傾向が示され，読書が好きだが自らを変えたいという願望も併存していた。
　中学校時代は友人関係でつまずき，学校に通えなくなった。進学先を探す中で単位制高校を見つけて自分の意志で定時制高校への進学を決めた。自らの意志で行動できる生徒であった。

（2）指導内容と経過

　入学当初は，学習意欲も高く，部活動にも積極的に参加し将来は上級学校への進学を希望していた。もともと学習意欲もあり，1学期の成績は十分なもの

であった。しかし，2学期になり交友関係で「自分の悪口を言われている」と感じだし次第に登校できなくなった。ただちに担任は保護者とHと面談を行い，友人関係を整理し復帰に向けた環境整備を行ったが，徐々に出席率は低下していった。そこで担任は，全く登校出来なくなって，単位修得が0という事態を避けるため，出席できる曜日を限定し，登校時間帯もやや遅い時間帯の授業だけに出席するよう助言した。2年になっても出席状況は改善されず，夏には登校できる日は週のうち1，2日であった。Hは医療機関にかかってはいたものの，あまり通院したがらず，スクールカウンセラーとの面談も途切れがちではあったが，担任とはつながっていた。担任はHが上級学校への進学意欲を失っていないことに期待し，個別指導計画を見直すため再三にわたって面接を行い，検定試験の受験を促すとともに卒業計画も見直すよう提案した。Hは修業年数が増加することにとても抵抗感があったものの，実際に数種類の検定に合格するとともに，少なくとも切れ間なく登校できていたことが自信となり，2年秋からは徐々に登校日数が増加していった。この事例では保護者の協力もあって，担任と意志疎通を絶えず行って情報提供と生活リズムの安定に配慮したこと，学習継続に主眼をおいて本人の学習意欲を切らさないようにできたこと，そしてHの意欲を尊重しながら徐々に学校復帰をめざすことで，比較的円滑に支援できたと考えられる。とくに担任は生活指導や教育相談，保健等の担当者と連絡を取り合うとともに，所属した部活動関係者の協力を得ながら丁寧に対応できていたことが大きかった。

4　今後の方向性

　現在文部科学省が推進するスクール・ソーシャル・ワーカーは，学校と福祉を結ぶ接点として期待できる。しかし，彼らと学校の常勤教職員とを結ぶコーディネーター役の教員の育成が急務である。事例で紹介した担任のように生徒の見立てを行い，最低限度の知識をもつことが求められている。

　しかし，個別の指導計画を若手教員が書くことによって，気づかなかった生徒像が見えてくるとともに，整理をすることで新たな視点をもつことが期待できる。同時に管理職が生徒の実態を把握し，現状を的確に把握したうえで担当

者からの報告を受けて対応することが，個別指導計画を円滑に進めていく絶対条件である。

付記
　本研究は，科学研究費補助金研究　挑戦的萌芽研究課題番号6590238の研究補助を受けて実施しました。事例を公表するにあたりHの保護者の承認を得ています。

第10章

スクールカウンセラーとの連携による断続型不登校高校生の再登校支援

花井英男

1 スクールカウンセラーによる個別支援計画の作成と校内支援体制

　高校では，生徒が，継続的に或いは断続的に不登校状態になっている時，教育相談担当者，養護教諭，担任等は，どう対応したらよいか分からないことが多い。文部科学省は，「不登校への対応に当たって」（文部科学省，2003）の，「5つの視点」の中で，「児童生徒の状態や必要としている支援を適切に見極め（「アセスメント」を行う），適切な支援と多様な学習の場を提供する（社会的自立に向けての進路の選択肢を広げる支援）ために，学校，地域，家庭での密接な連携をとることが必要です。」と述べている。この文章は，個別支援計画の作成を意味している。

　しかしながら，高校の教員には，「個別支援計画・IEP（Individualized Education Program）」という用語は広がっているが，どのように作成するかは，理解されておらず，現状では，教員は作成できない。臨床心理士も作成できるものは少ない。なぜならば，個別支援計画を作成できるように，多くの臨床心理士養成大学院において，研究者を配置していないからである。

　著者は，大学院で専門家に行動分析・行動療法による不登校の個別支援計画の作成を学んだ。その不登校の個別支援計画の作成方法は，小野昌彦氏らが筑波大学心身障害系小林重雄研究室において，1989年から開発を進めてきたプログラムであった。

　そこで，本稿では，専門的に行動論的個別支援を学んだスクール・カウンセラー（以下，SCと略す）が，親子面接，教員面接をして，個別支援計画を作成し，教育相談担当者，養護教諭，学年主任，担任等関係者に説明し，了承してもらい，協力が進路室，指導室等の職員まで広がり，断続型不登校の生徒の

再登校に成功した事例（花井・小野, 2009）を紹介する。

2 断続型不登校の女子高校生の事例（花井・小野, 2009）

(1) 対象

生徒は，高校2年生の女子生徒（支援開始時2年の1学期の終わり頃）（以下，Ｉと略す）。家族構成は，父母とＩ，妹の4人家族であった。

(2) 相談までの経緯

Ｉは高校1年の夏休み明けから，いじめを受けて，気分が悪くなり断続型不登校であった。自分のことを養護教諭，教育相談担当の先生に率直に話して支えてもらっていたが，転校を考えていた。教育相談担当者の紹介で来談し，SCが面接を，続いて母親面接をした。

3 不登校の情報

(1) 不登校になる前の行動特性

小学校3年の時から悪口を言われるなどいじめを受け，話す子がいなかった。小学校6年の時，Ｉは他の生徒をいじめ返した。親には心配するといけないと思ったので話さなかった。中学校の時，いじめを受け，死にたいと思った。小・中学校時代は休みがちで，月に4,5回欠席，早退をし，人付き合いは苦手だった。Ｉが不登校傾向であることを学校も保護者も気づいていなかった。

(2) 不登校発現の経過

対人関係と情緒面について：Ｉは人と話すことや仲良くすることが苦手で，億劫であった。対人不安があり，体育の時間や昼食時に教室にいると気分が悪くなり，食べるとおう吐を繰り返した。人間関係に気を使うと疲れると訴えた。高校1年の夏休み明けから，Ｉはいじめの加害者である女子生徒と一緒になる

体育と昼食の時間帯には体調不良になるために保健室に行った。親分肌の女子から用事を言いつけられるといういじめや，誰が入れたか分からない画鋲を靴に入れられるなどの嫌がらせを受けて，どう振舞っていいか分からず，相談する生徒もいなかった。担任，養護教諭，教育相談担当者との関係：Ｉはいじめを受けていること，不登校傾向であることは作文で担任に報告していたが，担任は対応をしていなかった。Ｉは自分のことを養護教諭と教育相談担当の先生（女性）に率直に話し，先生達はＩの話を聞くという対応であった。Ｉの登校状況：朝になると登校を渋り，2年次には毎月，欠席が1〜2回あり，遅刻が数回，早退が1回くらいあった。学校が面白くなく，登校したくないので，通信制高校への転校を考えていた。

（3）本人の学校・学習をめぐる状況

Ｉの成績は赤点があり，工業高校では資格試験の受験を義務付けており，その資格試験に不合格であった。「自分なりに頑張ったが結果が出なかった」とＩは話した。1年次，運動部のマネージャーをしていた。将来像はパソコンを使える仕事や特殊効果，演劇の裏方につくことであった。趣味はゴスペルソングを歌うこと，音楽鑑賞が好きであった。

（4）家庭での養育状況

保護者は娘が不登校であることに気付いていなかった。母親は子どもには家事，手伝いは一切させなかった。家庭ではＩの自発性を尊重することがなく，母親との会話は少なく，支配的であり，父親に不満を持ち，自分の気持ちを抑え込むことが多かった。母親はSC，職員との面接後，支援に協力的だった。

（5）学校の支援体制

担任とＩ，保護者の関係は良好であった。教育相談担当者，養護教諭とＩ，保護者との関係も良好であった。校内の支援体制が作られた。

4 行動アセスメントとしての情報統合と支援方針

（1）行動アセスメント

　前述の情報から，Ⅰは小・中・高校といじめを受け，対人不安を持ち，対人関係が希薄で，人間関係に気を使うと疲れ，人との接触を避け，いじめの加害者を避けるために，遅刻，早退，欠席を断続的に繰り返し，転校を考えていた。継続的不登校の未然防止のため，この状況を改善する必要があると考えられた。学習面で赤点，資格試験不合格を改善する必要もあった。

（2）個別支援計画の支援方針と方法

　学校での対応策：不安感の克服のために，エクスポージャー法と主張訓練をする。エクスポージャー法は，不安や恐怖を引き起こしている状況に自分をさらすことによって，不安反応を消去する方法である。主張訓練とは，自己の意見や感情を社会的に認められる形で表現するもので，主張行動の獲得を目指し，対人関係の不調から来る不安を防止する。対人生活技術の未習得の克服のために，関係職員は，Ⅰのソーシャル・スキルのモデルを示し，形成をする。例えば，「先生・生徒に挨拶をする」，「自分の気持ちを述べる」，「自分の気持ちに反することは断る，言い返す」，「分からないことは教えてくださいと言う」，「人と適切な距離を保つ」，「対人場面でその場に合った言葉を話す」，「お礼を言う」等のスキルである。断続型不登校を克服し，登校行動形成のために，関係職員はⅠの登校行動を賞賛する。失敗しても労う。登校行動を形成し，遅刻，早退，欠席を減らす。不振科目をなくすために，学習支援を受ける。家庭での対応策：ソーシャル・スキルをつける，登校行動と望ましい行動をほめる。Ⅰの自主性を形成するために，Ⅰの自己決定・自己行動を尊重する。Ⅰの発言に傾聴する。学校とSCの連絡：巡回校で月1回の訪問のため，学校とSCの情報交換のために，FAXでSCに報告し，SCは返事を学校に送る。

5 支援経過

　支援は3期に分けられた。第1期：登校行動形成期（高校2年7月16日〜翌年1月中旬），第2期：登校安定期（1月下旬〜2月下旬），第3期：フォローアップ期：高校2年3月，3年，卒業・就職後2年間であった。

　第1期：登校行動形成期：7月16日，SCは学校からIの支援依頼を受け，Iと面接をした。養護教諭，担任，教育相談担当者から情報収集と情報交換をした。7月18日，SCは，母親との面接，学校関係者に対する支援方針説明のために学校を訪問した。月1回訪問の巡回校なので，毎日の学行生活においてIに対してどう対応するか教えてほしいと，学校関係者から要請があり，上記の支援方法を説明した。関係者は，その後，臨機応変の支援をIと母親に展開した。Iは転校をやめることを学校にも伝えていた。9月3日，IはSCに来談し，顔色よく，明るい顔で，前回の無表情とは全く違っていた。SCはIの新学期3日間の登校を賞賛した。Iは「前と気持ちが違う」と述べ，「通学電車など校外では不安感はないが，教室に入ると少しある」，一方，家庭では母親が話しかけてくるし，Iも積極的に母親，妹と話をしていた。父とは話す機会はないが関係は悪くないと報告した。同日，SCは体育祭，文化祭が近づいているので，Iと担任などに種目決めや係決めの時に，意志に反することを引き受けないで，「すみません，これは出ません」，「いやです」と言えること等を助言した。SCは，必要なことはIに助言したと判断し，Iに必要な時だけ面接に来るように伝えたところ10月以降，Iは来談しなくなった。SCと廊下で会うと笑顔で挨拶した。校内でIを支援する体制が作られていった。Iは保健室で手伝いをした。保健室の会話の中で，挨拶をする，分からない時は尋ねる，断るなどのSSTを習得し始めた。母親の帰りが遅く夕食を食べないでいるので，米の研ぎ方と夕食の作り方を習った。Iは米を洗剤で洗うと思っていた。教育相談担当者と養護教諭が，母親に家事手伝いをさせるように忠告すると，「火や包丁は危ないので任せられない」と述べたが，最終的に同意した。この時期，Iは進路指導室で，パソコンの入力の手伝いを頼まれていた。役割行動によって対人関係の積極性が増したと考えられた。11月，Iは登校したが，「クラスは面白くない。勉強する雰囲気でない。」と教育相談担当者に訴えた。Iは親分肌の

女子との関係で煩わしさを感じていた。会話のモデルの教示，「用事があるから，これで失礼するね」，「ごめんね，自分でやってね」を受けた。しかし，実際に言えなかった。昼食は更衣室でとった。12月，Ｉは保健室，進路指導室，担任の学科職員室で手伝いの仕事をした。SCはこの頃，担任から，Ｉが生徒指導室の職員と堂々と渡り合ったエピソードを聞いた。Ｉは指導室の職員にプレゼントしたが，それを自分に返してほしいというもので，職員は，一度，人にプレゼントをしたものを返却しくれと言うものではないとたしなめた。Ｉは一歩も譲らず返してもらった。これは主張訓練の成果であると考えられた。今迄自分の気持ちを抑えていたが，洗練さに欠けるが自分の気持ちが言えるようになった。この時期，早退0，欠席は2，遅刻は毎月3〜4回であった。第2期：登校安定期：1月，SCは再発防止策を立て，職員からＩと母親に対して指導が行われた。それは，Ｉに対して，①主張スキルを忘れない，②セルフマネジメントをすること（自己決定・自己行動・自己評価），③人間関係を楽しむ，④将来像を追求し，自己実現する，保護者に対して，①母親はＩの望ましい行動をほめる，②母親がＩの自己決定・自己行動を尊重する，であった。2月，Ｉは親分肌の女子との関係で落ち込んでいたが，その生徒は退学した。そのため，対人関係不調のきっかけとなった生徒がいなくなり，Ｉの継続登校の安定につながった。Ｉはアイデアロボットへの参加，英語の作文への応募，就職希望の候補を見つけ，積極的な姿勢が見られた。欠席，早退は0になり，遅刻は減少した。高校2年，2月下旬に，Ｉの登校は安定してきたので，SCは支援を終了した。第3期：フォローアップ期：高校3年次，卒業後2年間フォローアップした。卒業後の会社勤務は継続していた。時々母校を訪問し近況を報告した。

6 支援結果

　訪問支援9回，生徒面接2回，保護者面接1回，6か月の支援後，Ｉは，断続型不登校から，継続登校となった。支援終了後，Ｉは3年に進級し，対人関係も積極的になり，明るい笑顔が見られ，意欲的に登校した。

7 考察

(1) 不登校行動形成について

Iの行動特性は，両親とIとの関係のヒストリーが大きく影響していると思われた。母親はIとの関係で，自発性を尊重することがなく，支配的に振舞う傾向があった。Iの不登校行動は，いじめに対する不安，対人関係を築けず，自分を責めるといった学校場面回避による断続型不登校であった。

(2) SCの個別支援計画作成と校内支援体制

SCは，行動アセスメントと再登校支援計画の作成，関係職員（教育相談担当者，養護教諭，担任）支援を主に担った。関係職員は学校の日常生活で，登校行動をほめ，主張行動と対人生活技術を形成し自信をつけさせることを基本とした。関係職員による保護者支援では，Iの自宅での家事を積極的にさせるように説得した。保健室でIに，米の研ぎ方を教えるなど，校内支援は，指導室，進路室，学科職員室に広がった。

このような個別支援計画による校内支援によりIの学校場面における登校維持条件が形成され，さらにいじめの加害者である生徒の退学による不登校発現条件の除去により継続登校が達成されたといえる。

付記
事例を公表するにあたりIの保護者，校長の承認を得ています。

【引用・参考文献】

花井英男・小野昌彦（2009）断続型不登校の女子高校生への主張訓練による支援．宮崎大学教育文化学部附属教育実践総合センター研究紀要．17, 127-135

文部科学省（2003）不登校の対応について、不登校への対応にあたって（5つの視点）．

小野昌彦（2006）不登校ゼロの達成．明治図書．

著者紹介 (執筆順)

小野昌彦	(おの・まさひこ)	明治学院大学心理学部教授
布宮英明	(ぬのみや・ひであき)	東京都多摩市立貝取小学校校長
佐藤基樹	(さとう・もとき)	宮崎県日向市立日知屋東小学校教諭
伊藤陽子	(いとう・ようこ)	公立小学校教諭
井上文敏	(いのうえ・ふみとし)	明治学院大学心理学部特命教授
関戸英紀	(せきど・ひでのり)	横浜国立大学教育人間科学部教授
宮﨑　眞	(みやざき・まこと)	明治学院大学心理学部教授
大場　充	(おおば・みつる)	東京都西部学校経営支援センター支所長
津久井進	(つくい・すすむ)	弁護士法人芦屋西宮市民法律事務所弁護士
花井英男	(はない・ひでお)	愛知県名古屋市・瑞穂CBT相談室 臨床心理士

監修者紹介

柘植雅義（つげ・まさよし）

　筑波大学人間系障害科学域教授。愛知教育大学大学院修士課程修了，筑波大学大学院修士課程修了，筑波大学より博士（教育学）。国立特殊教育総合研究所研究室長，カリフォルニア大学ロサンゼルス校(UCLA)客員研究員，文部科学省特別支援教育調査官，兵庫教育大学大学院教授，国立特別支援教育総合研究所上席総括研究員・教育情報部長・発達障害教育情報センター長を経て現職。主な著書に，『高等学校の特別支援教育 Q&A』（共編，金子書房，2013），『教室の中の気質と学級づくり』（翻訳，金子書房，2010），『特別支援教育』（中央公論新社，2013）『はじめての特別支援教育』（編著，有斐閣，2010），『特別支援教育の新たな展開』（勁草書房，2008），『学習障害(LD)』（中央公論新社，2002）など多数。

編著者紹介

小野昌彦（おの・まさひこ）

　明治学院大学心理学部教育発達科教授。筑波大学大学院修士課程教育学研究科修了，同大学大学院博士課程心身障害学研究科中退。中国短期大学専任講師，奈良教育大学教育学部附属教育実践総合センター准教授，宮崎大学大学院教育研究科教授を経て，現職。博士（障害科学：筑波大学）。宮崎大学名誉教授。専門は，教育臨床，障害科学。主な著書に，『児童・生徒の問題行動解決ツール－教師のための10ステップ実践ガイド』（風間書房，2012），『不登校問題で困ったときに開く本（教職研修総合特集「校長先生サポート」シリーズ）』（教育開発研究所，2012），『不登校への行動論的包括支援アプローチの構築』（風間書房，2010），『不登校ゼロの達成』（明治図書，2006），ほか多数。東京都教育委員会不登校・中途退学対策検討委員会委員（2015年度），東京都港区学びの未来応援施策検討委員会委員長（2017年度），東京都東大和市の不登校対策アドバイザーとして市単位の不登校数半減を達成するなど市町村レベルでの不登校ゼロ，半減実績多数。

ハンディシリーズ 発達障害支援・特別支援教育ナビ
発達障害のある子／ない子の学校適応・不登校対応

2017年 3 月30日　初版第 1 刷発行　　　　　　　　　　　［検印省略］
2018年12月28日　初版第 2 刷発行

監修者	柘　植　雅　義
編著者	小　野　昌　彦
発行者	金　子　紀　子
発行所	株式会社 金　子　書　房

〒112-0012　東京都文京区大塚3-3-7
TEL 03-3941-0111㈹
FAX 03-3941-0163
振替 00180-9-103376
URL　http://www.kanekoshobo.co.jp

印刷／藤原印刷株式会社　製本／株式会社宮製本所
装丁・デザイン・本文レイアウト／mammoth.

Ⓒ Masahiko Ono, et al.,2017
ISBN978-4-7608-9550-2　C3311　Printed in Japan

金子書房の発達障害・特別支援教育関連書籍

子どもの特性や持ち味を理解し、将来を見据えた支援につなぐ

発達障害のある子の自立に向けた支援
―― 小・中学生の時期に、本当に必要な支援とは？

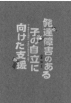

萩原　拓　編著　　A5判・184頁　本体1,800円+税

通常学級にいる発達障害のある子どもが、将来社会に出て困らないための理解や支援のあり方を紹介。学校でできる支援、就労準備支援、思春期・青年期に必要な支援などを、発達障害支援・特別支援教育の第一線で活躍する支援者・研究者・当事者たちが執筆。好評を得た「児童心理」2013年12月号臨時増刊の書籍化。

CONTENTS

第1章　総論・発達障害のある子の将来の自立を見据えた支援とは
第2章　発達障害の基礎知識・最新情報
第3章　支援のために知っておきたいこと
　　　　――発達障害のある成人たちの現在
第4章　自立に向けて学校でできる支援
第5章　思春期・青年期における支援の実際
第6章　自立・就労に向けて
第7章　発達障害のある子の家族の理解と支援

K 金子書房

自閉スペクトラム症のある子への性と関係性の教育
具体的なケースから考える思春期の支援

川上ちひろ　著　　A5判・144頁　本体1,800円+税

中京大学教授　辻井正次先生 推薦！

「性」の領域は、タブーや暗黙のこととされることが多く、発達障害の子どもたちにとって指導が必要な領域です。本書は、通常学級などに在籍する知的な遅れのない発達障害の子どもたちを対象に、「性」の問題を、そこにいる他者との「関係性」のなかで、どう教えていくのかについての実践的な内容が書かれています。多くの子どもたちと保護者・教師を助けてくれる1冊となるでしょう。

主な内容

第Ⅰ部　思春期のASDのある子どもの性と関係性の教育について
　「性と関係性の教育」とは何か／思春期を迎えたASDのある子どもの性的文脈の関係の複雑さ／従来の「性教育」「性の捉え方」からの脱却／ASDのある子どもの性と関係性に関わる問題行動について／家族や支援者の悩み・陥りやすい間違った関わりについて／ほか

第Ⅱ部　具体的ケースから考える――ASDのある子どもの性と関係性の教育・支援
　男女共通・どの年代でもあてはまる話題／とくに思春期の女子にあてはまる話題／とくに思春期の男子にあてはまる話題

K 金子書房

金子書房の心理検査

自閉症スペクトラム障害（ASD）アセスメントのスタンダード

自閉症スペクトラム評価のための半構造化観察検査

ADOS-2 日本語版

C. Lord, M. Rutter, P.C. DiLavore, S. Risi, K. Gotham, S.L. Bishop, R.J. Luyster, & W. Guthrie 原著

監修・監訳：黒田美保・稲田尚子

［価格・詳細は金子書房ホームページをご覧ください］

検査用具や質問項目を用いて、ASDの評価に関連する行動を観察するアセスメント。発話のない乳幼児から、知的な遅れのない高機能のASD成人までを対象に、年齢と言語水準別の5つのモジュールで結果を数量的に段階評価できます。DSMに対応しています。

〈写真はイメージです〉

自閉症診断のための半構造化面接ツール

ADI-R 日本語版

■対象年齢：精神年齢2歳0カ月以上

Ann Le Couteur, M.B.B.S., Catherine Lord, Ph.D., & Michael Rutter, M.D.,F.R.S. 原著

ADI-R 日本語版研究会 監訳
［土屋賢治・黒田美保・稲田尚子　マニュアル監修］

- ●プロトコル・アルゴリズム
（面接プロトコル1部、包括的アルゴリズム用紙1部）…本体 2,000円+税
- ●マニュアル …………………………………………… 本体 7,500円+税

臨床用ワークショップも開催しております。

ASD関連の症状を評価するスクリーニング質問紙

SCQ 日本語版

■対象年齢：暦年齢4歳0カ月以上、精神年齢2歳0カ月以上

Michael Rutter, M.D., F.R.S., Anthony Bailey, M.D., Sibel Kazak Berument, Ph.D., Catherine Lord, Ph.D., & Andrew Pickles, Ph.D. 原著

黒田美保・稲田尚子・内山登紀夫　監訳

- ●検査用紙「誕生から今まで」（20名分1組）……… 本体 5,400円+税
- ●検査用紙「現在」（20名分1組）…………………… 本体 5,400円+税
- ●マニュアル…………………………………………… 本体 3,500円+税

※上記は一定の要件を満たしている方が購入・実施できます。
　詳細は金子書房ホームページ（http://www.kanekoshobo.co.jp）でご確認ください。

K 金子書房

金子書房の発達障害・特別支援教育関連書籍

発達障害は生きづらさをつくりだすのか

発達障害の特性をもつ本人が感じる「生きづらさ」とは？

田中康雄 編著　A5判・160頁　本体1,900円+税

乳幼児健診、就学前支援、小・中学校での特別支援教育、高校・大学での特別支援、成人期支援、そして就労支援まで、幅広いライフステージでの臨床・研究をベースに、発達障害理解・支援のあり方を、本人の生活・家族・社会といった総合的な視野から考える。

目次
はじめに ………………………………………… 田中康雄
第1章　乳幼児期健診から見える「親子」の生きづらさ ……… 伊藤真理
第2章　園生活をしている子どもの生きづらさ・育てる親の思い …… 田中康雄
第3章　小・中学校生活の中での親と子どもの生きづらさ ……… 田中康雄
第4章　高等学校での特別支援を3つの保障から考える
　　　　──通い続けることから始める支援 ……………… 川俣智路
第5章　子どもと家族が成長して出会う生きづらさ ………… 内田雅志
第6章　大学生として生きることの困難さ ………………… 松田康子
第7章　成人後の「診断・告知」とその人の理解 ………… 間宮正幸・俵谷知実
おわりに ………………………………………… 田中康雄

K 金子書房

特別支援教育　実践のコツ
発達障害のある子どもの〈苦手〉を〈得意〉にする

辻井正次 編著　A5判・196頁　本体1,800円+税

通常学級にいる発達障害のある子どもたちが、「教科学習」「授業参加」「集団活動」などで、うまくいくためのコツを、項目ごとに詳しく紹介。教師、支援者、保護者をサポートする、特別支援のアイデア満載の書。

主な内容

① **総論・発達障害と特別支援教育**
　　特別支援教育で、子どもの〈苦手〉を〈得意〉にする：辻井正次
② **子ども支援のための基礎知識**
　　発達障害をどう理解するか：杉山登志郎／特別支援教育で知っておきたいこと：柘植雅義
③ **教科学習をうまくやれるように**
　　読み書きの指導：大岡治恵／作文・読書感想文：堀田あけみ／算数の指導：熊谷恵子
④ **授業態度がうまくとれるように**
　　整理整頓：白石雅一／よそ見や私語への対応：奥田健次／感覚刺激への過剰反応・過敏：岩永竜一郎／ほか
⑤ **集団でうまくやれるように**
　　ルールで動ける：井上雅彦／状況に適した行動：萩原　拓／「テンション」を調整する：木谷秀勝／ほか
⑥ **難しい親とのつきあい方**──臨床の現場から
　　「難しい親」って、どんな親？：田中康雄／保護者からの"納得"を得るために：市川宏伸／ほか
⑦ **地域の中で助け合う**──新しいコンサルテーション
　　療育機関ができること：小笠原　恵／トータルケアを目指した取り組み：安達　潤／ほか

金子書房の発達障害・特別支援教育関連書籍

学級と学童保育で行う特別支援教育
発達障害をもつ小学生を支援する

西本絹子 編著　　A5判・232頁　本体2,500円＋税

主な内容

第Ⅰ部　小学生の発達と発達を支援する視点
第1章　小学生のころの育ち／第2章　発達を支援する視点

第Ⅱ部　さまざまな発達の困難を抱える子どもたちへの支援
第3章　知的障害を伴う広汎性発達障害の子どもたち／第4章　高機能自閉症・アスペルガー症候群の子どもたち／第5章　ADHD・LDをもつ子どもたち／第6章　ダウン症の子どもたち／第7章　ちょっと気になる今どきの小学生

第Ⅲ部　小学生の育ちを支援する人たちを支援する
第8章　学級作りを通して障害をもった子どもを育てる／第9章　教師・子どもの関係から支援を問い直す／第10章　学童保育での支援のために／第11章　学童保育で子どもたちと親とのかかわりを通して子どもを育てる／第12章　学級・学童保育で保護者を支える／第13章　幼児期から就学への時期をスムーズに移行するために——幼児期の教育・保育から学ぶこと

K 金子書房

心理職が活躍するための「地域支援」のコツがわかる

心理職による地域コンサルテーションとアウトリーチの実践
コミュニティと共に生きる

舩越知行 編著　　A5判・216頁　本体2,500円＋税

CONTENTS
第1章　地域における心理援助と支援の基礎……………舩越知行
第2章　学校における心理臨床…………………………泉野淳子
第3章　放課後支援における心理臨床…………………小川圭子
第4章　特別支援教育における心理臨床………………平野敏惠
第5章　保育所における心理臨床………………………清水幹夫
第6章　児童養護施設・乳児院における心理臨床……若松亜希子
第7章　児童発達支援センターにおける心理臨床……縄田裕弘
第8章　子ども家庭支援センターにおける心理臨床……坂入健二

心理の専門家が、自身の専門性を発揮してコミュニティで活躍するために必要な基本知識や具体的な実践方法について紹介。7つの心理臨床フィールドを通じて、地域の心理ニーズや、そこでの心理職の役割が見えてくる。これからの心理職必携の書。

ハンディシリーズ

発達障害支援・特別支援教育ナビ

柘植雅義 ◎ 監修

既刊

ユニバーサルデザインの視点を活かした指導と学級づくり
柘植雅義 編著
定価 本体1,300円+税／A5判・104ページ

発達障害の「本当の理解」とは
――医学, 心理, 教育, 当事者, それぞれの視点
市川宏伸 編著
定価 本体1,300円+税／A5判・112ページ

これからの発達障害のアセスメント
――支援の一歩となるために
黒田美保 編著
定価 本体1,300円+税／A5判・108ページ

発達障害のある人の就労支援
梅永雄二 編著
定価 本体1,300円+税／A5判・104ページ

発達障害の早期発見・早期療育・親支援
本田秀夫 編著
定価 本体1,300円+税／A5判・114ページ

学校でのICT利用による読み書き支援
――合理的配慮のための具体的な実践
近藤武夫 編著
定価 本体1,300円+税／A5判・112ページ

発達障害のある子の社会性とコミュニケーションの支援
藤野 博 編著
定価 本体1,300円+税／A5判・112ページ

発達障害のある大学生への支援
高橋知音 編著
定価 本体1,300円+税／A5判・112ページ

発達障害の子を育てる親の気持ちと向き合う
中川信子 編著
定価 本体1,300円+税／A5判・112ページ

発達障害のある子／ない子の学校適応・不登校対応
小野昌彦 編著
定価 本体1,300円+税／A5判・112ページ

―― **ハンディシリーズ・続刊決定！** ――

取り上げるテーマ（予定）：発達障害のある子に対する2E教育／特別支援教育とアクティブ・ラーニング／発達障害といじめ／など

※続刊の第1弾は、2017年秋刊行予定です。